人生的智慧

The Wisdom of Life

〔德〕阿图尔·叔本华——著

梁玉梅——译

Arthur Schopenhauer

中国出版集团 现代出版社

图书在版编目（CIP）数据

人生的智慧 / (德) 阿图尔·叔本华著 ; 梁玉梅译 . -- 北京 : 现代出版社 , 2020.7

ISBN 978-7-5143-8649-3

Ⅰ. ①人… Ⅱ. ①阿… ②梁… Ⅲ. ①叔本华 (Schopenhauer, Arthur 1788-1860) —人生哲学—哲学思想
Ⅳ. ①B516.41

中国版本图书馆 CIP 数据核字 (2020) 第 089200 号

人生的智慧

作　　者：［德］阿图尔·叔本华
译　　者：梁玉梅
策划编辑：王传丽
责任编辑：张瑾　肖君澜
出版发行：现代出版社
通信地址：北京市安定门外安华里 504 号
邮政编码：100011
电　　话：010-64267325　64245264（传真）
网　　址：www.1980xd.com
电子邮箱：xiandai@vip.sina.com
印　　刷：三河市宏盛印务有限公司
开　　本：880mm × 1230mm　1/32
印　　张：8.75
字　　数：180 千字
版　　次：2020 年 8 月第 1 版　　印　　次：2020 年 8 月第 1 次印刷
书　　号：ISBN 978-7-5143-8649-3
定　　价：39.80 元

目 录

引 言

幸福不是一件容易的事。

如果不经历一番酸甜苦辣，我们很难求之于自身。

而要想在别处得到则更不可能。

——尚福尔[①]

对于“人生的智慧”这一理念，我完全从它的内在含义来谈起。在这本书中，“人生的智慧”就是教我们如何来尽量幸福、愉快地安排我们的生活，以最大程度的快乐度过此生。我们也可以将它称为“幸福论”，因为它可以教会我们如何才能幸福地度过人生。

假如单纯地从客观角度去思考，我们可以这样定义生存的幸福：活着绝对比死去更好。因为这种思考涉及主观的判断，所以说它应该是一种更确切的冷静、周密的思考。从这个理念中，我们可以得出这样的结论：我们珍爱生命，是因为生命本身是如此美好，并不是由于我们对死亡的恐惧。并且，我们每个人都希望

① 尚福尔：法国剧作家、杂文家，以幽默风趣著称，深受自由思想的影响，所写格言在法国大革命期间广为流传。主要著作有《印度女郎》《士麦拿商人》，代表作品有《穆斯塔法和泽安吉尔》《格言、警句和轶事》。

自己能够健康长寿，不想看到生命的终结。而对于人的生活是否与这种生命相契合，或者是否有相契合的可能性这一问题，在我的哲学体系中已经很明确地给出了否定的回答。但是，有关幸福论的假设，我们还是有必要从肯定的角度来加以回答。在我的著作《作为意志和表象的世界》第二卷第四十九章里已经指出，这种假设本身就是一个错误，并对此进行了批判。

不过，要想完成诸如幸福论这一类著作，我不得不放弃我自己哲学理论中更高级的道德观，而我要真正阐述的哲学，原本就是要引导人们承认这种立场。所以，我的关于人生智慧的全部论述，皆是基于一种折中的程度之上，这种讨论都是与日常的生活息息相关的，并且允许这些观点本身存在谬误。由此可以看出，这些论述的价值相对来说是有限的，因为幸福论这个词本身就是一种委婉含蓄的说法。此外，关于这些问题的讨论还谈不上完整，一部分原因是因为我所涉及的这个主题很难做到细致入微，另一部分原因是因为我不想鹦鹉学舌地去重复别人的观点。

如果我没记错的话，有一本卡丹奴斯写的《论逆境》很值得阅读，它和我写的这本箴言书有着相似的目的，可以作为我这本书的补充和参考。亚里士多德作为古希腊的哲学家，在他的《修辞学》第一部第五章里也插入了少量的有关幸福论的文字，但没有什么新意。而我也并不想借助这些前辈们的著作来彰显我的观点，因为吃人家嚼过的馍毫无味道，也并非我所为。何况，如果我那样做了，我的书将会失去观点的完整性，而这种完整性往往是这类著作的核心。

虽然说处于不同时代的智者也可能说过一样的话，但是，愚蠢的人总是占据关键性的大多数，那些数不胜数的平庸之辈总是做着事与愿违的事情，他们一意孤行，和教诲者唱着反调。所以伏尔泰才说：“在我们离开这个世界的时候，这个世界与我们刚降临时所看到的是一个样子，仍然是充满愚蠢和邪恶的。”

第一章　最基本的内容

亚里士多德把人生的幸福分成三类——人的外在、人的灵魂和人的身体。而我现在只保留他的三分法，我觉得，能够决定人类命运差别的不外乎以下三点基本内容：

一、人是什么。这可以用“个性”一词来概括，从广泛意义上来说，人的个性包括人的健康、能力、外貌、气质、道德品格、智力及教养。

二、人拥有什么。这指的是人的财产及一切的占有物。

三、在他人评价中人是什么样子，这显然可以理解为人向外界所呈现出的自己的样子。也就是人们如何评判他。而别人对这个人的认识和评判，则完全是通过荣誉、地位和名声来实现的。

在第一点中，人与人之间的不同，首要条件是由大自然来决定的。由此我们可以推断，“人是什么”是造成人们幸福或者不幸的最主要的原因。这比第二点、第三点由财富或他人的评价所带来的对生活的规划和安排的差别更为根本和彻底，因为后两点的内容差别纯粹是出于评判者本身作出的判定。一个人自身的优点，比如高尚的灵魂和伟大的心灵，与那些出身高贵或者拥有特权的人相比较，就好像是现实中的国王和戏剧舞台上扮演的国王一样，有着天壤之别。伊壁鸠鲁的第一个门徒门采多鲁斯曾在他的一篇文章中以这样的标题描述道："我们的幸福得益于我们自身的努力，而并非从我们自身之外获得的。"

可见，一个人的幸福，甚至一个人一生存在的主要意义，是由他自身所拥有的或已失去的东西来决定的。这既是事实，也是他内心是否感到满意的根源。一个人内心是否满足，主要取决于他的感受、意愿和思想，所有外在事物对他内心的影响都是间接的。这也是为什么同样外在的事物或环境，会对我们每个人产生不同的影响。因为只有这个人自己的看法、感受及意志活动才能对他产生影响，外在的事物只有在引起他的看法和感受及意志活动时，才会对他产生影响。

人们对世界的认知和理解，决定了每个人所生活的世界的样子，世界也因此为不同的人呈现出不同的样子。所以说，一个人的世界是贫穷空洞甚至乏味无聊的，还是丰富有趣并充满意义的，都是由各人自己的头脑来塑造的。生活中就有这样的事例，总有一些人羡慕别人的生活充满趣味，而不去反思自己其实正是缺少那些人所具有的理解事物的天赋和才能。在后一种人的叙述中，他们所经历过的事情都极其有趣，让人回味无穷，而这一点正是他们对事物正确理解的本领。就算是同样一件事，在一个聪明人看来是充满意义和趣味的，而在一个普通的感受力不强的人那里，不过是极其平庸的一幕，甚至因为乏味而被忽略不见。

这就好比歌德和拜伦取材于现实题材创作出的许多诗歌作品一样，有些愚蠢的读者会羡慕诗人，认为所有的好事、趣事都发生在诗人的身上，他们拥有那么丰富多彩的经历，而看不到诗人所具有的伟大才华。他们那种高超的想象力，足以化腐朽为神奇、变平凡为伟大，这才是值得大家去羡慕的。同理，一个多愁善感、性格忧郁的人看到的一场悲剧，在一个乐观豁达的人那里，则可能变成一场颇具戏剧性、趣味盎然的冲突，而对一个冷漠的人来说，就可能是一件无足轻重的毫无意义的事情。

在现实生活中，要想对事物的发生具有意识和欣赏的眼光，必须要结合主体和客体这两个方面的因素。它们彼此紧密相连，就像水中的氧气和氢气一样。即使客体这一半保持完整不变，而主体那一半的改变就会使人们对现实事物的感觉完全不同。反过来也是如此。所以说，即使是同样的经历，在客观或外部的因素完全一致的情形下，个人的主观感受有所差别的不同的人，会看到不一样的景色。而如果让一个思维迟钝的人来欣赏美景，他也许看到的只是枯燥的画面，好比在恶劣的天气下观赏美丽的风景，或者是用品质低劣的相机去拍摄，白白辜负了那片景色。

简单地说，要是每个人都被禁锢在自己的意识当中，局限在自己浅薄的认知里，无法逃脱出来，就超越不了自己，那么，即使有外界的援助也不会起到什么作用。在舞台上，有人扮演王公，有人扮演良相，有人扮演仆役，有人扮演士兵或者将军，如此这般你方唱罢我登场。这种种，不过是外在身份上的不同，在这些表面光鲜的扮相之下，人物的内在莫不相同，都不过是对自己的命运充满焦虑的可怜的演员。

现实生活中也是如此，虽然每个人拥有的社会地位、财富多寡，决定着各人所扮演的角色不一样，但是，这绝不意味着各人的内在幸福和素质会因此有所差别。相反，作为凡人，每个人都有烦恼，都会有难以满足的欲望，在痛苦面前，每个人都是平等的。虽然忧虑和烦恼的具体原因不同，需要呈现的形式和承受的强度有差别，但他们的本质是一样的。这些差别并不取决于人们的地位和财富，与一个人在生活中所扮演的角色并没有多大关系。

对一个人而言，当下和逝去的一切事情只存在或发生在我们自己的意识当中。所以，对一个人来说，最重要的就是意识本身的结构，它要比形成意识内容本身的外部环境更重要。无论多么美好有趣的事物，如果通过一个蠢蛋的笨拙意识来反映，都将是枯燥乏味的。反之，在暗无天日的简陋牢房里，塞万提斯却创作出了伟大的著作《堂吉诃德》。

在现实生活中，因为情况的不同，有可能因主观条件的不同客观条件而有所改变。而主观这部分掌握在我们自己的手中，所以，就它的本质来说是不可能改变的。每个人的人生都有着自己独特的个性烙印，不管外界环境发生什么样的变化，人的性格都是始终如一、不可更改的。这就好比一首乐曲，虽然中间不乏变奏，但主旋律却一直保持不变。事实上，还没有谁能够超越自己的个性。而那些动物，不管人类将它们放置在哪一种环境中，它们都无法摆脱大自然早已为它们设定好的狭小范围。这也诠释了当我们努力逗自己所喜欢的动物开心的时候，得把这种努力控制在动物能够感知的狭小范围之内，既然宠爱它，就要遵循动物的本性。

人也是一样，一个人的性格决定了他能得到多少属于他自己的幸福和快乐。一个人的精神力量尤其能决定他领悟高级快乐的能力。如果一个人的精神力量不够强大，那么，即使有来自外部的财富，或者亲朋好友的帮助，也不会对他有多大的帮助。他所获得的快乐也相当有限，就像动物一样迷恋低俗的快乐。他只能享受感官的乐趣、低级庸俗的社交和消遣，所能感受到的最大快乐也不过是平凡的家庭生活而已。即便是最能开拓我们视野的教育，也不一定能起到多么大的作用。因为最高级、最丰富多彩并且最为长久的乐趣皆来源于思想上的乐趣。虽然我们在年轻的时候，还意识不到它的重要性，做了一些欲盖弥彰的蠢事，但这些都于事无补，能否掌握这些高贵的乐趣，完全取决于一个人思想力量的强弱。

从这一点，我们可以清楚地感受到，人的幸福在很大程度上取决于我们是谁，和我们的个性。在大多数情况下，我们只考虑了自己的运气和拥有的财富，甚至他人的看法。但那不过意味着我们有什么或者是别人认为我们有什么。诚然，我们的运气也许会有好的时候，但是，如果我们内心足够富足的话，就不会太过于期待命运的改变。相反，一个蠢货始终是一个蠢货，一个呆笨的傻瓜哪怕到死都是傻瓜，即使他身在天堂，被仙女簇拥着，依然是一个无聊的人。所以歌德在他的《西东合集》里说：

> 无论是平民杂役还是主人，
> 时时刻刻都要谨记不能忘，
> 芸芸众生平民百姓之大幸，
> 莫不都是源于自身的个性。
>
> ——《西东合集》

幸福和快乐对于我们而言，主观因素远比客观条件重要得多，这已经在很多事情上得到了证实。比如，我们所说的，饥饿时什么都是美味的；在白发老人看来，少年眼中的绝色佳人已不会再扰乱他们的心性；天才和圣徒不会因俗世生活而舍弃他们的灵魂世界。不必怀疑，人的健康远远比一切外在的财富更为关键，一个无病无痛的乞丐远比一个重病缠身的国王更加幸福快乐。一个拥有健康身体的人性情温和、开朗，他的认识也会是清晰而活跃、深刻而合理的，他不但有节制的意志，而且还很温柔，他的这些良好的认知完全发自内心，而这些福分，是任何财富和地位都不能比拟的。

所以说，一个人本身要比他所拥有的全部身外之物更为重要。即使在他最孤独的时候，不离左右的仍然是他的本性。自己是最本质的东西，是别人无从给予亦无从夺走的，其重要性远胜于别人对他的评价。一个精神世界丰富的人，哪怕是在孤独中，也会有他独特的思想和创造，能够在自己的思想中自得其乐。但如果他本身就是一个冥顽不灵的愚蠢的人，即使永无休止地消遣、聚会、看戏、出游、寻欢作乐，都无法让他摆脱无聊与空虚。一个敦厚善良、温柔亲切、懂得节制的人，即使身陷绝境也能享受到快乐。而一个贪婪成瘾、嫉妒成性、卑劣无耻的恶毒之人，即使成为世界上最富有的人，恐怕也难以满足。假使一个人能够具有超凡脱俗、出类拔萃的精神人格，并享受它所带来的乐趣，那么，对于他来说，芸芸众生所追求的大部分乐趣实在无足轻重，甚至会成为一种烦恼和负担。所以，贺拉斯在谈到自己时说：

花宝石、大理石、象牙、伊特鲁里亚雕像、

绘画、银器、紫色法袍[1]，

很多人赖之以生，

也有很多人不为它所束缚。

而苏格拉底在看到有人摆卖各种各样的奢侈品时，他竟惊讶地说道："原来这世上竟有这么多我不需要的东西！"

由此可以看出，对于我们的幸福生活来说，自己的个性，绝对是最重要和最根本的元素。因为只有我们的个性在任何情况下都持久不变，都会发挥它的作用。而且它有别于我列出的第二点、第三点的福分，如果想要保存这两点的福分，那只能听从命运的安排，但自我的个性不会受命运的摆布，也不会被夺走。

与外在的财富和别人的看法相比，我们自身个性的价值可以说是绝对的。所以，想要依赖外在的手段去对付、支配一个人，将会是十分困难的。当然，只有无坚不摧的时间才是我们强大的对手，它可以行使它的权利，人的生理优势和精神方面的优势在时间面前都会消耗殆尽，但是，唯一可以幸存的，只有人的道德和品性。由此看来，时间虽然可以摧毁一切，却不能夺走外在的财富和别人对我们的评价。因为它们是自然界或外在世界客观存在的，所以时间并不会直接夺走这些福分。其本质决定了任何人都可以得到它们，至少每个人都有可能获得这些福分。相比较而言，那些属于主观性的东西，我们的确无法企及，它们犹如一种

① 天主教神职人员穿的衣服，在此比喻宗教权力。

神圣的权利被赋予人们，并且不可改变，不能剥夺，持续不变地为人终生所拥有。因而，歌德诗中的这些格言也就具有顽强的生命力：

日月星辰之嘉会兮，
汝承之以诞。
俄而向前之不休兮，
依律乃厚生。
自知己命之不离兮，
使知命乃先知。
时日永昌之难摧兮，
尽形乃恒张。

——歌德

对这一方面，我们唯一所能做的，就是最大限度地利用我们的个人品质。生而为人，我们的愿望必须与我们的个性相符，我们的成长必须遵循个人品质去发展，其他的情形都要避免。因此，我们必须选择最适合我们自身个性的职业和生活方式。

试想一个天生体格健壮、充满力量的人，却因为外在的环境所迫去从事某种需要长期伏案久坐的职业。例如，去做一些精细而烦琐的手工艺活，或者去从事他所不具备能力的学术研究或其他的脑力工作，那么，他就要放弃他那天生的优势，使他的力量难以施展，毫无用武之地，要是这样，他的一生又何谈幸福呢。更不必说，一个有着高智商、能力出众的人，因为从事一种根本无法施展他才智的低级工作，甚或这份工作本身就是他难以胜任的力气活，那将是一种悲剧。因此，我们有必要警惕那种情形的出现，尤其是在年少气盛的时候，万万不可过高地估价自己的能力，以免陷入生活的深渊。

我所说的第一点比起后两点具有如此明显的优势，可见幸福的本质在于人。保持身体健康、不断提高自身的才华，比一心赚钱积累财富更为明智。但千万不要把这一说法错误地理解为我们应该忽略对生活中的必需品和安宁的获取。实际上，财富在真正意义上就是过剩的代名词，它对我们的幸福感的提升并没有多大的帮助。很多富人感觉不到快乐，那是因为他们的精神世界过于贫乏，而且也没有真正的文化和知识，因而也就谈不上对任何事物产生兴趣和见解，而正是这些兴趣，才能促使他们去进行力所能及的精神活动。

除了能满足我们日常生活的自然需求以外，财富对我们人生真正的幸福并不会产生多大的影响。甚至可以说，我们集聚这些财富，并且为了守护偌大的家产，不可避免地要耗费心血和精力，不能安心、安然地生活甚至会打扰到幸福。与拥有的财富相比，我们自身对于幸福而言，有着不容置疑的作用。但那些追求财富的人，还是要比追求思想文化的人多上几千倍。所以我们不难看到，很多人在名利场上寝食难安，他们就如同勤劳的蚂蚁一样从早到晚为赚钱而不断地钻营、奔波，盼着自己拥有的财富能够增值再增值。而对金钱之外的世界，他们则头脑空空，一无所知。他们享受不了那些高层次的精神生活，乃至对其他一切事物都毫无知觉。他们达不到更高的精神世界，只能徒劳地放纵自己，用很少的时间，花费大把的钱财，去享受转瞬即逝的短暂快乐。如果运气好的话，他们在临终时，也许真的能赚到一大笔财产作为此生的家产，留给自己的后人去继承。这份财产也许会以钱生钱，集聚更多的财富；也许会被后人任意挥霍，全部败光。即使死到临头，这样的人都板着一副严肃阴沉的面孔，其实骨子里实在庸俗不堪，和那些浑浑噩噩、喜欢自吹自擂的人没什么两样。

所以，一个人的内在素质，才是决定他是否幸福的根本。在通常情况下，人的内在自我过于贫乏，致使那些已经解决了温饱问题的大多数人，与那些生活在社会底层，还在为养家糊口而打拼的人一样感受不到幸福。他们精神空虚、头脑呆滞、想象力贫乏，这使他们频繁涉足娱乐场所。有道是“物以类聚，人以群分”，他们聚在一起，打猎、消遣、闲谈，纵情感官的享受，最后都将以追风赶月的荒唐结束。很多纨绔子弟刚刚开始享受人生，就穷奢极欲。大好的青春年华转瞬消逝，灰飞烟灭之际，正是他们将祖先的遗产挥霍一空之时。这种败家的速度令人咋舌，究其缘由，正是因为空虚无聊，它源自刚才论及的精神的贫乏与空虚。

一个金玉其外、败絮其中的富家子弟在步入这个花花世界时就拥有了外在的财富，当他试图用外在的财富去弥补内心的空虚时，常常是徒劳无功的，他想借此从外部得到一切，就好比一个行将就木的白发老人，试图以黑发少女的汗水去强健自己的体魄。所以，一个人内在精神上的贫乏，最终亦将导致其外在财富上的贫乏。

至于外在财富的价值及他人对自己的评价，这两项人生的意义已无须再刻意地去强调，亦无须赘言。时至今日，财产的价值已经家喻户晓，众人皆知，用不着再广而告之。但与之相比，他人的看法仿佛没有外在财产那么重要。虽然每个人都在为博得好名声而努力，但上流社会的地位也只有官宦才能窥视，名望显赫的人少之又少。在所有这些当中，荣誉被视作无价之宝而不容侵犯，而显赫的地位则是人人艳羡的无价之宝。就像只有被上帝选中的人才能获得金羊毛。相反，只有傻瓜才会不爱财富，并且把社会地位看得比财富更重要，殊不知，财富与地位互为因果。

此外，第二点与第三点有一种人尽皆知的相互关系。古罗马作家彼德尼斯说过："一个人所拥有的财富，决定了他在别人眼中的价值。"反过来看，他人以任何形式对我们所作出的有力评价，都将有助于我们获取财富。

第二章　人是什么

我们已经大概知道，一个人的自身比他拥有的财富和他人给其的评价都更能给他带来幸福。

一个人是什么，以及他自身有什么，才是最关键的问题。因为人的个性如影随形，时时刻刻、无处不在地伴随着他，并将他所有的经历都涂上了色彩。一个人在所有经历过的事情当中能够享受多少快乐，都是要靠他自己亲自来体会的。无论是在肉体方面的还是在精神方面的乐趣都是如此。

英文中有一个短语“to enjoy oneself”（享受快乐）表达的意思十分生动准确。例如，人们凭借这种表达，说“他在巴黎很享受”，而不说“他享受巴黎”。

可是，如果一个人的个性出了问题，那么所有的快乐就如同喝了苦酒。所以，除了重大意外之外，人生是幸福还是艰难，并不由他生活中所遭遇到的或得到的东西来决定，而取决于我们对待它的态度及感受它的方式和程度。一个人的个性包括个性所带来的东西，简单地说，就是一个人的品质和他的价值才最能够直接影响到人的幸福和财富。而所有其他间接的东西带来的影响都不会持久，只有个性本身带来的影响才会长久不变。从这也可以看出，为什么因为个性所导致的嫉妒是所有情感中最难以缓和的——因为嫉妒是隐藏得最深的情感。

由此可知，意识的构成是我们人生中最持久，甚或最为坚不可摧的。在我们生命中的每时每刻，个性都会对它产生或多或少的影响。而其他因素，则只不过是暂时或者偶然的，对我们来说并不重要，甚至会受到外界的各种变故的制约。就如亚里士多德所说："个性是一成不变的，这是金钱无法企及的。"

同样地，和我们自身的性格缺陷所导致的不幸相比，我们似乎更容易接受那些完全来自外部的灾难。因为与我们的个性相比较，运气总归是可以改变的，但我们的性格却不会改变。而对于我们所追求的幸福来说，最主要的就是人内在的美好素质，如高贵的品格、聪敏的智慧、优雅的气质、开朗乐观的精神，以及健康强健的体魄。总而言之，身心的健康才是幸福最为关键和重要的因素。与那些外在的名誉、地位、财富相比，我们更应该致力于提高和保持我们自身的这些优良品质。

在这些优良的品质当中，积极乐观的心态无疑最能左右我们的幸福指数。因为这一良好品质本身就是一剂温和的良药，令人神清气爽。一个心胸豁达的人总会有快乐的理由，这是由他的个性决定的，其他任何因素都无法取代这种快乐。面对一个年轻气盛、身份尊贵的人，假如你想知道他是否过得幸福，那么你只需要问他是否快乐即可。如果他心中充满阳光，是快乐愉悦的，那么，他是年轻或是老迈，是弯腰驼背还是挺拔俊逸，是清贫还是富有，又有什么关系呢，只要他是幸福的就好。我年轻时曾在一本旧书里看到这样一句话："若你笑口常开，幸福自然到来；若你以泪洗面，不幸终将伴你左右。”这是一句最普通的话，道理浅显易懂，虽然看上去有些老生常谈，但是，它所蕴含的朴素的道理，却令我时刻不能忘记。

当快乐来敲门时，我们应该愉快地打开大门迎接它。因为快乐从来不会不合时宜。然而在现实生活中，我们恰恰相反，常常犹豫着，考虑要不要接受它的到来，总想确认我们是否真的有理由去迎接快乐。有时又害怕自己太过于乐观，会妨碍我们进行严肃认真的思考和对重大事情的决策。其实，这种谨小慎微、如履薄冰的态度是最不可取的。因为快乐本身就是最直接的收获，是在现实中能够得到的即时幸福，而不是存在银行里等待兑现的空头支票。它可以说是我们生活中能够获得的最大的恩惠了。在生存与死亡之间，我们的存在不过是现实中两个无限时间中短暂的瞬间。我们应该比追求其他东西更优先地去考虑寻找快乐，追求快乐就是在追求我们的幸福。

我们都知道，财富并不能给我们带来快乐，唯有身心健康才是快乐的源泉。在那些普通的劳动者当中，尤其是生活在乡村的农民，他们身强体健，满足的笑容常常挂在脸上。而那些所谓的富人，他们腰缠万贯，甚至拥有着特殊的权力，虽然居住在豪宅大院，却看不到他们的笑容，反倒脸色苍白，神情忧郁。所以，我们最应该努力去维护的就是我们的身心健康，因为只有在健康的土壤上，才能开出快乐的花。因此，我们更要懂得节制，摒弃一切急躁不安的情绪，不过度地消耗自身的健康，每天坚持在室外进行两小时的锻炼和运动，坚持洗冷水浴，饮食有规律。

维护生命的完整，离不开锻炼。无论是身体的各个器官，还是人体本身，都需要日常进行锻炼来保持健康。对这一点，亚里士多德早就说过："生命在于运动。"我们的身体本身就存在时刻不停的持续运动。心脏在复杂、不间断的收缩与扩张中有力而不知疲倦地跳动着，而血液正是通过心脏的跳动，才得以流遍全身大大小小的血管。肺像一台蒸汽机一刻不间断地换气。大小肠道犹如蠕动的虫子一样互相缠绕着。人体的各种腺体一直在吸收和分泌。就连我们的大脑，也随着每一次脉搏跳动和每一次呼吸运动不止。

假如一个人总是懒散地不愿意进行户外运动，特别是那些长期伏案工作的人，那么他们身体表面的静止与身体内部的新陈代谢之间，就会出现有损健康的失衡。因为，身体内部的新陈代谢运动也需要外部的运动来支撑。一旦失去平衡，就会造成我们情绪的波动，甚至五脏六腑都会翻腾起来。如果仅凭我们身体外部的表象，是根本无法看到这些变化的。这就好比一棵树，它为了能够茁壮地生长，也需要风雨的洗礼。如果要用一个法则来概括的话，最简洁的拉丁文如是说："越运动，越健康。"

如果非要划分我们的幸福是如何依赖于我们的快乐心情，我们的快乐心情又是如何依赖于我们自身的健康状况，那么，可以通过以下的比较看出来：在相同的外部环境或事件中，当我们身体强壮、心情愉快之时与我们因生病身体虚弱、情绪低落苦恼之时，所产生的影响是完全不同的。所以说，令我们感到幸福或不幸的事物，不是由它们本来的面貌决定的，而是取决于我们如何看待它们。这就像爱比克泰德所说：“影响人的不是事物本身，而是人们对事物的看法。”总体来说，人的幸福与否十有八九是因为健康的原因。只要有了健康，一切的事物都是快乐的源泉；反过来，如果失去了健康，即使有外部的因素，甚至其他主观的帮助，人的头脑、情绪、性格也都将因病痛而黯然失色，失去活力与生机。这也是为什么人们一见面，就要彼此先问安好，互相祝福身体健康的原因。因为对于人的幸福来说，良好的健康状况的确是最为重要的头等大事。如果为了其他的事情愚蠢地去牺牲身体的健康，那么，不管是为了利益、职位、学问或者名气，甚或一时的感官快乐，牺牲自己的健康，都是愚蠢至极的事情。为了我们的健康，其他毫不相关的事都应该丢弃一旁。

虽然在很大程度上说，健康可以带给我们快乐的心情，但是，这绝不等于说快乐的心情完全依赖于健康。因为一个人也许拥有健康的体魄，但是，他同时也可能性情忧郁、多愁善感。毫无疑问，这种情形主要的根源还在于他自身的体质，那是与生俱来、难以改变的，更恰当的说法，则是因为在他身上，生命力和感受力之间的关系容易失衡。这两种情绪与新陈代谢能力失去平衡后，人就会变得敏感而多疑。而感受异常，则会导致情绪无法控制，即使快乐也是短暂的，仍然避免不了陷入周期性的消极和颓废。因此，天才大多是一些神经质或者异常敏感之人。对这一现象，亚里士多德曾指出：“所有出类拔萃、才华过人的人，大多数都多愁善感；所有那些在哲学、政治、诗歌，或者艺术方面超凡脱俗的人，无不是忧郁寡言的。”西塞罗在他的文章里也经常引用亚里士多德的观点，他说："亚里士多德说过'智者多虑'。"而莎士比亚则在他的《威尼斯商人》里对此有过精妙生动的描述：

> 大自然造就了奇怪的人，
> 有些人总是从他的小眼睛向外窥探，
> 像看见风琴手的鹦鹉一样笑；
> 有些人愁眉苦脸，
> 乃至笑了也不想亮出他的牙齿，
> 即使德高望重的长者认为有些乐事很可笑。
>
> ——《威尼斯商人》

柏拉图则将性格晦暗悲观的人和性格开朗乐观的人做了一个区分。在这种区分中，不同的人在遇到快乐或者悲伤的事情时，感受截然相反。性格开朗的人对这些事情报以微笑，性格悲观的人则很快就陷入绝望当中。这么说吧，一个人对快乐的感受力越弱，对不快乐的事感受力就越强，反之同理。假如在一件事情中，结果好坏参半，那么悲观的人只能看到不好的一面，会因此而气愤、烦恼，即使看到好的一面也无法兴奋起来；而乐观的人则不一样，他们即使面对悲伤，依然能从中找到安慰。对于悲观的人来说，哪怕他们完成了 10 个计划中的 9 个，他们也不会为此欢呼雀跃，而是会为那一个的失败痛苦懊悔；乐观的人则恰恰相反，哪怕他们只完成了其中的一个计划，也会因为取得的成功而感到欣慰和鼓舞。

但是，也不是所有的坏事都无可救药，每一件事都有正反、好坏两方面。一个多愁善感、整日忧心忡忡的悲观者，在遭遇挫折和困难时，要比那些心无旁骛、活得无忧无虑的人更不切实际，更加虚幻。正是由于他们遇事总往不好的方面想，所以才会处于一种糟糕的状态。而相比那些性格开朗、乐观的人，悲观者似乎更加未雨绸缪，失算率更小一些。

不过，若是一个人与生俱来就多愁善感，在遭受到精神方面的困扰或消化系统紊乱却没有什么好的方法可以医治，甚至病情恶化时，就会加剧他们悲观厌世的情绪。这时，哪怕生活中一丝细微的不如意的事，都会成为压垮他们的最后一根稻草，令他们最终走向自我毁灭的极端。长期的病痛折磨，消磨了他们的意志，让他们以结束自己生命的方式来终结苦痛。他们也并非一时冲动，而是长期的不快乐导致他们下定决心，然后坚决而冷静地实施自己的计划。即使他们很多人都是处在医生的监管之下，但是，只要医护人员一有疏忽，他们就会抓住机会，毫不犹豫、毫不惧怕地以最自然、自己最能接受的方式终结生命。艾斯基罗尔在《精神疾病》中，对此有极为详尽的描写：

有时候，哪怕是身体最健康，甚至是最快乐的人，在特殊的情形下，也会选择用死亡来结束生命。比如，在他们遭受巨大的不幸或是承受无法承受的苦难之时，那些突然而至的灾难压倒了他们对死亡的恐惧。在这件事上，天生悲观的人与乐观者唯一的区别就是，一个乐观的人也许需要更高程度的苦难，才会产生自杀的倾向；而一个天生悲观的人，也许往往很低程度的苦难就能让他们走上自杀的不归路。可见，越是悲观的人，对诱发自杀的苦难程度要求越低，到最后，他对苦难程度的要求甚至是零。相反，如果一个人整天是快乐的，而且有强壮的体魄和健康的精神状态，那么除非是万不得已才走上极端，否则，他绝不会想到用自杀来结束生命。由此，可以看出这两种自杀在不同情况下，有着巨大的差别。天生性格忧郁的人，也许只因为病情的恶化，就会导致他们选择自杀；而天生就乐观健康的人，他们在选择轻生的时候，则完全是因为受客观事物的影响。

在现实世界中，一个人的美貌和健康，也是一种先天的优势。尽管这种优势并没直接表现出对幸福的影响，但是，不可否认，美貌可以加深别人对我们的印象，间接地让我们获得幸福。哪怕是对于男人，俊逸伟岸的外表亦不失为一项优势。美丽的外表本身就是一张公开的明信片，它会使你获得更多人的青睐和好感，你可以因此而俘获他人的心。荷马曾在《荷马史诗》中对此做过描述:“美丽的容貌是神赐给世人的珍贵礼物,没有人能够轻视它。”

在生活中，只要我们稍加观察就会发现，痛苦和无聊是影响人类获得幸福的两大障碍。如果要补充说明的话，就是当我们能够幸运地躲过其中的一项时，我们却靠近了另一项。事实证明，我们无法同时避免这两大障碍，它们就像白天和黑夜一样在我们的生活中或强或弱地来回转动。不管是痛苦还是无聊，总有一项是我们逃不掉的。追根溯源，痛苦和无聊就像两个处于双重敌对状态之下的敌人，一个是外部客观存在的，另一个是内部主观意识的。糟糕的环境和贫困的生活会让人产生痛苦;反之,富足无虞、衣食无忧的闲适则会让人觉得无聊。由此可知，当下层的普通百姓为了摆脱苦难而四处奔波、疲于拼命挣扎时，那些上层社会的富有者则在不停地与无聊展开一场近乎绝望的旷日持久的斗争。

至于内在的、主观的对抗，往往基于这样一种事实：就个人而言，面对痛苦时的感受性与面对无聊时的感受性是成反比的，这是因为感受性和这个人的精神能力，以及心理的承受能力是直接相关的。换句话说，精神的迟钝与感受力的迟钝，最终导致人情绪的低落。一个反应迟钝的大脑，是不会有任何刺激可以影响到它的。这种迟钝，让人变得麻木，也不会感受到更多、更强烈的困苦和忧伤。而由此带来的精神上的空虚，则衍生成内心的空虚，就像人们表现出的对外界发生的琐事的高度关注一样，在很多人的面容上就可以体现出来。

其实，造成无聊的根本原因就是内心的空虚。很多内心空虚的人，为了让大脑和心灵看起来充实一些，不断地寻求外界的刺激，并为此绞尽脑汁。他们对来自外界的各种刺激都悉数接纳，为了消磨时间，他们从不放过那些五花八门的社会交往和娱乐享受。整日无所事事、一掷千金，而导致一切不幸的根源，无疑就是人内心的空虚。

而想要摆脱这种境况，需要依靠的恰是我们内在的精神力量。一个人的精神越是富有，越会感觉到生活的美好，越不会觉得无聊。只有充满力量的思想，才会像源泉汩汩流淌，满溢活力而不枯竭。并且能够让自己的内心与外面的世界融会贯通，从而不断地探索新鲜事物，从中找到乐趣。如此聪慧的大脑和强大的内心所达到的高度是空虚无聊所无法企及的。

另外，发达的智力所带来的乐趣，皆来源于高度的感受能力。

当越来越强大的意志与高度的感受力相结合，就会激发出更强大的情感。同时，感受精神甚至是肉体所带来的苦痛烦恼也更加敏锐，对于各种阻碍或者干扰，会产生更大的不耐烦，以致充满怨气。继而，所有的想象都被他们理所当然地放大，包括那些不如意的事。也许每个人的情况不同，所产生的结果也不同，但是，不管人们的智力与能力多么参差不齐，从最呆傻的笨蛋到最聪明、最伟大的天才，这一情况无不适用。无论是从主观方面来说还是从客观方面来说，人遇到苦难时总会在两端来回摇摆，越是接近某一端，就离另一端越来越远。所以说，人在遇到困难或打击时，自身的天性会引导他采取合理有效的防护措施，使自己的客观世界尽可能地与主观世界保持一致，以此来规避遭受更大的苦难和不幸。

聪明的人追求精神上的富足，他们会从苦难与不安中找到远离痛苦、享受自由闲暇的安静生活的方法，从而过着简朴宁静又充实美好的日子。他们一旦洞察了人性的本质，就会选择远离尘世，如果他是一个充满智慧的人，那么他也许会选择离群索居，回归质朴的世外桃源般的生活。因为一个人自身所拥有的东西越多，他想从别人身上获得的东西就会越少。对他而言，别人几乎都没什么意义，这也是为什么智商越高的人越喜欢独处，不喜欢去做无谓的社交。实际上，如果社交的质量能够用数量来弥补的话，那倒不枉在这万丈红尘中打拼一场。但遗憾的是，芸芸众生当中，一百个傻瓜也抵不上一个聪明睿智的人。

而处于痛苦一端的、那些智商和情商都不高的人，他们一旦从贫困或痛苦中解脱出来，便会不顾一切地去纵情消遣，以及时行乐的态度来告别孤独和寂寞。因为他们害怕一个人的时候，会更清醒地看到自己的不足和缺陷。所以说，愚蠢的人徒有其表地背负着自身低劣的个性，在无法摆脱时只有不住地哀叹。而真正聪慧、有才干的人，即使他们身处荒原野陌，也会神采奕奕，精神抖擞，因为他们具有朝气蓬勃的思想。古罗马著名的哲学家塞涅卡曾说："愚蠢的人都因背负着沉重的包袱而痛苦不堪。"耶稣也有句名言："愚蠢的人活着比死还难受。"这两句话如出一辙。我们从中不难发现，一个人人际交往的能力与热衷程度和他的头脑智力水平是成反比的。越是庸俗的、精神贫乏无趣的人，越喜欢社交。要么孤独，要么平庸，其实，人这一生能够选择的真的不多。法国的报纸曾经报道说，北美洲的黑人就最擅长社交。他们不论是身份自由的人，还是失去自由的奴隶，都喜欢聚集在狭小的地方。他们习惯了看人脸色，仰人鼻息，习惯了被聪明人呼来喝去地指使。

在人体的器官中，如果将大脑和它产生的意识比作寄生物，或者是所有好处的享受者，那么闲暇就是一个人平日里为了生存，辛勤忙碌挣来的果实，是可以自由享受自我的个性时光。可是，大部分人在自由闲暇时都做了什么呢？通过观察，我们可以发现，要么是发呆或者胡闹，要么是百无聊赖地虚度光阴，闲暇对他们来说简直毫无价值和意义。亚里士多德说过："那些因无聊而虚度光阴的人，是世上最没有价值的可怜人。"思想僵化的普通人只想着如何打发时间，而那些头脑灵活、思维敏捷的人想的却是如何利用有限的时间来创造更多的价值。由此可知，平庸的人之所以平庸，就是因为他们头脑简单，四肢发达，他们的智商除了沦为他们冲动意识的工具外也做不了别的什么。而一旦外界的刺激没有了，那么他们的意识也就处于瘫痪的状态，起不了什么作用。意识没有了，那么智商也就休息了。因为智商和意识一样，都是需要借助外部事物的刺激来发挥作用的。如果人们压制智力的发挥，让一切停滞不前，最后就会导致无聊的产生。

为了激活意识，唤醒沉睡的智商，摆脱无聊带来的痛苦，人们会选择一些琐事来寻求片刻的欢愉。而这种刻意而为之的动机，是无法与发自内心的、真实自然的想法相比较的，这就好比纸币和白银，它们的价值是不可同日而语的。纸币的价值是随意的，它不过是一个符号而已。例如，纸牌之类的游戏就是为了这样的动机应运而生的。如果没有这样的游戏方式，那些头脑简单的人就会显得无所事事。也许他们会坐在那里百无聊赖地掰手指，甚至拿身边的东西来有节奏地敲打桌子，或者点燃一支雪茄，让烟圈的升腾代替大脑的思考。所以说，无论在哪个国家，纸牌游戏都是主流的社交娱乐方式。它就像是在告诉人们“我们的精神很空虚，我们的思想早已破产”。在玩牌的过程中，人们没有思想上的经营和交流，只想着如何打好自己的牌，如何把别人的钱赢过来。说到底，这样的人除了愚昧，也很可怜。

为了不失公允，免得让别人误以为我们在压制纸牌这种游戏，我们也可以对打牌作出如下解析：对于那些日后要进入社会去应付大千世界里形形色色的世俗生活的人，纸牌游戏不失为一种提前的演习。因为一个人可以通过纸牌游戏，从中学习如何精明地利用不可多得却又无法改变的手气，来为自己争取更大、更多的利益。为了达到这一目的，人必须学会虚伪，学会在抓到一手烂牌时，仍能面带微笑，无动于衷地伪装自己，用快乐的样子来迷惑对手。

而恰恰是这种游戏，会将人推向堕落的深渊。我们都知道，在牌桌上，人们为了赢得牌局，会动用一切办法，甚至不择手段——这种竭尽所能来赢得本不属于自己东西的恶习会逐渐膨胀，并生根发芽不断蔓延到日常生活中。它会令人觉得，生活不过就是一场牌局，“你的”与“我的”只是游戏中的概念而已。他们甚至觉得，只要不触碰法律的底线，就可以最大限度地利用自己的优势去谋取自己所需要的一切。这样的例子在世俗社会中不足为奇，遍地都是。

正如我所说的，自由清闲不但是每个生命存在的花儿，确切地说，更是每个生命存在的果实。只有自由清闲才可以让人拥有完全属于自己的时光。而一个内心丰富多彩的人，才会在这种时光中获得令人赞叹的幸福。不过，很大一部分人在拥有这份自由清闲时，都是碌碌无为的，像个傻瓜似的整天在无聊当中消磨，他们简直成了自己生命的累赘。所以，我们这些不为生活烦恼所困的自由之子们，就暗自庆幸吧。

如同一个富裕的国家无须依赖进口，自给自足就能让人民过上幸福的小康生活，一个人，只有拥有足够强大的精神财富，不需要，甚至对外在的物质无欲无求时，他才是最幸福的人。因为进口的舶来品不但价格昂贵，还会让人产生依赖性。而在现实生活中，但凡需要仰仗他人的都是有风险的，甚至会麻烦不断。何况很多舶来品都是以次充好，不过是国产货的劣质替代品罢了。

所以，一个人不能奢望从他人或者外界获得太多。因为人与人之间的关系是微妙的，一个人对另一个人也没有那么重要。归根结底，每个人最终只能靠自己，这就是人性。歌德在他的自传《诗与真》中有一句脍炙人口的名言："溯本求源，人最终还是要靠自己。"而英国作家哥尔德斯密斯在他早期的诗作《旅行者》中写道："不论置身何处，自己的幸福，都只能依靠自己去创造和发现。"

自我，是一个人所能成就或者所能得到的最好的也是最多的资源。一个人从自身发现的优点、乐趣越多，就会越幸福。亚里士多德曾说过一句至理名言："一个人的幸福和快乐，来源于自给自足。"因为其他任何幸福快乐的来源，其在本质上都是具有不确定性的，由于受制于各种偶然性，也是最不可靠、最不长久的。即便是在最有利的条件下，如果我们不能控制事态的发展，那么终将不可避免地，也有可能轻易地就消失了。

随着岁月的流逝，我们也终将老去，而那些依靠外部所得来的幸福，也几乎都会走向终结。此时，曾经的爱情早已消逝，不再有风趣幽默的打闹，也不再鲜衣怒马地去打猎郊游，对社交也提不起激情和兴趣。放眼四周，许多亲朋好友都已撒手人寰，离我们而去。到这时才会觉得，一个人自身的拥有是多么的重要，只有自身的东西才是别人抢不走、偷不走的。自身拥有的越多，幸福就会越多，自己才是幸福唯一真实且长久的创造者。

不论在什么时候，一个人自己所具备的特长，所拥有的东西，才是唯一值得骄傲并能给自己带来幸福的源泉。人生在世，会遭遇很多坎坷苦痛，就算有人能够侥幸逃脱，无聊也会如影随形，时刻纠缠着你。邪恶总会无孔不入地主宰人的思想，愚蠢的人也总爱喋喋不休。命运是残酷的，人是可怜的。生活在这样的世界里，自身还能保持思想健康，精神丰富的人，就像圣诞节的冰天雪地里一间温暖而明亮的小屋，充满欢乐与温情。由此可知，一个各方面都很出色的人，一定是一个精神强大、有着独特个性、良好品德之人。也许这些优秀的品质不能让他一路坦途、光明无限，但至少他会是这个世界上最幸福的人。

瑞典女王克里斯汀在她19岁时，通过道听途说和仅读过的一篇笛卡儿的文章，了解到这位伟大的哲学家在荷兰与世隔绝、孤独地生活了20年。睿智的女王这样评价他说："笛卡儿先生充满智慧的生活是令人艳羡的，他是最幸福的人。"而像笛卡儿这样的情形，必须具备足够优渥的外在条件，才能成就他自己的幸福人生。这就好比《旧约·传道书》里说的："足够的聪慧加上丰厚的财富，才是出人头地的本钱，而聪慧的头脑更为重要。"

依靠先天恩赐改变命运的人，会时刻小心翼翼地维护着这份幸运，以保证他们的幸福之路平坦无虞。为了达到此目的，拥有足够的独立与闲暇是必不可少的。他们也乐意为此过着节制而有序的俭朴生活。与那些浅薄的人正好相反，他们爱护自己的资源，不愿意像那些浅薄的人一样受制于外部的世界。因此，他们也不会被升职加薪、金钱美色、赞美与吹捧等外界的声音所诱惑，更不会妥协，向低级的欲望及庸俗的趣味作出让步。遇到这种情况时，他们还会遵照贺拉斯在写给梅塞纳斯的信中所建议的方法去做：不为了外在的虚名浮利而舍去内在的精神追求。准确地说，就是不要为了换取荣誉、地位、头衔、财富以及名气而抛弃自己内在的安宁、悠闲和独立，那样做是最愚蠢的行为。歌德就是这么做的，而聪明的我则毫不犹豫地选择了另一个方向。

我所坚持的真理就是：人的幸福归根结底还是源自人内心的修养和品质！这也是被亚里士多德所证明的。亚里士多德的《尼各马可伦理学》通过大量精确的论证，阐释了如果人不去从事某一种活动或者运用某一种力量，就不会获得乐趣。事实也证明，无论哪一种乐趣，都需要这两样来做前提。如果用亚里士多德的学说来概括的话，一个人的幸福就是在现实生活中能够尽展自己的才华，这与斯托拜乌对逍遥派哲学的阐述相同。斯托拜乌说："幸福就是人尽其长，积极快乐地做自己擅长的事，并最终获得自己所期望的结果。"他特别强调，所谓的"擅长"，就是指精通每一件需要我们去做的事情，这就充分体现了人的长处和能力的重要性。大自然赋予人类这些能力的最初目的，就是让人类能够抵御所面临的一切灾难与困苦。一旦这种抵御不存在了，那么这种能力也就没有了它的用武之地，反倒会成为一种负担。所以说，人们在有能力的时候还必须去发挥，但在发挥的过程中，最好是没有任何目的性地去使用这种能力。否则，虽然避免了其他的痛苦，但是，难免会陷入另一种痛苦——也就是"空虚无聊"。

那些权高财厚的达官贵人们尤其容易陷入空虚无聊的泥淖，备受煎熬。

卢克莱修在很早以前就一针见血地对那些权贵们的痛苦遭遇作过描绘。直到今天，那种情形在大都市的日常生活中依然经常可见：

> 那些富豪们很少会待在自己装修精美的房子里，因为那样会让他们心生厌烦。于是，他们走出屋子，可外面的世界也不像他们想象的那么精彩，他们不得不重新回到家中。或者有人还会以逃离般的速度驰往乡间的别墅，就像那里的房子着了大火等着他前去救援一般。但同样的情形再次发生，他们一到那里便哈欠连天，空虚无聊仍如影随形，他们只好倒头大睡，以求忘记一切。或者再从乡村返回都市，在这种来回折腾中自我陶醉。

达官显贵们在年轻时，不会去想控制自己旺盛的精力和过剩的体力，而是任欲望横流。只有当岁月老去时，他们才懂得，只有精神和能力才是永存的。而此时，他们中的一些人或者已经丧失了思考的能力，有的人或者已经完全力不从心。没能学得谋生的技艺，让他们的晚景陷入凄惨的境地。不过，他们仍然会保持着意识和欲望这唯一不被摧毁的能力，并试图通过一些游戏和刺激来激发自己的意念。于是，一掷千金的豪赌这种低俗的趣味，就堂而皇之地走进了他们的生活。

但是，在通常情况下，当一个人无事可做时，会根据自身的情况，来选择某种自己擅长的娱乐方式来打发时间，如打球、下棋、狩猎、赛马、打牌或者吟诗作画、欣赏音乐，或者研究文学、哲学等。我们也可以把这些外在的爱好加以分类，进行系统的研究，从中找出其根源所在，也就是人类基于生理的三种基本能力，这是一切乐趣的来源。当然，如若抛开促进这些能力发挥的目的性不谈，人们可以从这三种能力本身找到各自擅长的一面，并从中获得快乐。因为无论是谁，都具有这种能力，并且能够从这种能力中选择自己喜欢的生活方式。

第一种是人的生命力。它包含饮食、消化、作息和睡眠，这是人体的新陈代谢功能给人们带来的乐趣。在很多国家或地区，这种快乐甚至已经成为全民娱乐。

第二种是发挥个人的人体机能。这种乐趣往往以体育运动的形式出现，如行走、跑步、摔跤、击剑、骑车、跳舞等。有时，它也以军旅生活或者战事的方式体现出来。

第三种为人类的情感，即感受能力。它所带来的乐趣，大多通过观察、思考、亲身体验来获得。有时也需要通过诗歌鉴赏，文化、音乐的交流，或者是通过学习、冥想、阅读、发明创造、哲学思考等方式来感受。

至于这些乐趣的价值及相关的层次和它的持续性，有很多话题、很多东西可以讲，但在这里，我决定留给读者自己去补充。

大家心里都清楚，每个人自身能力的大小决定了他所能获得乐趣的多少。能力越强大、越高尚，他所获得的乐趣就越多，而乐趣越多幸福感也就越强烈，幸福往往就隐藏在一连串的乐趣里。比起另外两种基本的生理功能所带来的乐趣，人的感受能力所带来的乐趣往往占据更高的位置。因为其他两种基本的生理功能，在动物身上也同样存在，甚至超过人类，但是，人的感受能力远远大于动物，这使人有别于动物，并以更高级的地位存在。人的感受力是一种精神的力量，它让人能够获得必须通过思考才能得到的乐趣，即智慧的乐趣。越有智慧的人，越能获得更大的乐趣。

如果一个普通人对某一件事情产生了兴趣，那么一定是这件事本身刺激到了他的意识，让他产生了欲望。不过，持续的刺激也不一定就是好事，也会带来痛苦和不快乐。拿纸牌游戏来说，这种流行于上层社会的看似高雅的娱乐方式，可以对人的意识产生刺激。但是，它所提供的刺激是微小而短暂的，那些真正且长久的痛苦虽然暂时得到了麻痹，可庸俗无聊的根源还在，思想上的空洞还在。由此看来，这种短暂的麻痹，对于人的意识无异于隔靴搔痒，根本起不到实质性的作用。

一个聪明智慧的人，总会满怀豪情地去探寻事物的本源，并对此产生浓厚的兴趣。这种兴趣让他身心愉悦，远离痛苦和烦恼。而那些空有一腔壮志，内心极度空虚的人是无法企及的。现实生活中，总有一些人在浑浑噩噩中度日。在他们眼中，创造和努力不会给他们带来任何利益，对他们没有一点好处。他们只倾心于那些蝇头小利，追求短暂的安逸，却没想到自己早已挣扎在无尽的痛苦与烦恼当中。一旦他们停下来，就会被生活的现实打回原形，在不堪忍受的无聊当中行尸走肉般地过活。要想改变这种死气沉沉的生活，只能依靠疯狂的激情给它注入活力。

一个精神上具有高度力量的人，思想上也会很丰富、很强大，会拥有一个丰富多彩、充满活力的人生。因为他的灵魂本身就是高尚并有趣的，他会把精力用在有价值、有意义的事情上。外界对他的刺激只能是来自大自然的钟灵毓秀，或者是对人类的探索，对人生、历史及各个国家伟大成就的思考。只有这样的人，才能真正懂得世上的杰出与伟大，也只有他们才能享受这种杰出与伟大所带来的快乐。他们被这种美好和高尚所吸引，真切地感受着它们的存在，而其余的人不过是匆匆过客，对这种杰出和伟大并不了解，或者是一知半解。

这些聪明的人比别人还多了一个特征，那就是对阅读、观察、研究、想象与实践的需求。这种需求让他们想要拥有一个不被打扰的、自由的空间。

伏尔泰曾说："没有真正的需求，就没有真正的快乐！"只有有需求了，才会满怀期望，并享受这份需求所赋予的乐趣。比如，欣赏五彩斑斓的大自然风景，文学、美术等美好的艺术，昂扬向上的精神大餐等，心向往之，才会感觉到一切都充满生机与活力。而对另一部分人来说，这种快乐被他们丢弃在一旁，哪怕他们被美丽的景色包围，也会视而不见。想要他们从中感受到乐趣，就如让一个垂垂老矣之人爱上一个妙龄青年，简直是徒劳。

一个有思想、智慧闪耀着光芒的人，除了日常的物质生活之外，还会拥有丰富多彩的精神生活。他会将精神生活的富有，当作唯一的、真正的生活。因为在他看来，日常的物质生活方式不过是为了获得更好的精神生活的一种手段而已。

现实生活中，很多人过着浅薄、无聊的空虚日子，甚至将这种庸庸碌碌的生活当作其人生的目标。而那些充满智慧的人，会一直把精神的追求放在首位，高于一切，并通过努力和知识的不断积累，来提升自己的精神品位和生活质量。随着内在修为和生活境界的逐渐提高，他们的精神世界也越来越完美，越来越稳定。这就好比一件精心雕琢的艺术品，在精益求精中逐步成形并达到完美。与之相反，那些一心追求物质生活的人，他们或许在生活宽度上有所收获，却无法体会生活的真谛，这让他们显得极为可怜。所谓的“现实生活”，对大部分人来说，就是人生的终极目标，却没有人知道，自己这一生碌碌无为，实为可怜可悲。

日子是平凡的，如果日常生活没有激情来点燃，那将是寡淡而乏味的。可是，如果激情被无限地燃烧，那也是痛苦不堪的。对此，只有那些充满智慧的人，才能驾驭幸福，获得快乐。因为他们的智力超出了欲望所需，能够在日常生活之外，同时享受精神生活的富足，远离痛苦和烦恼，过着其乐无穷的快乐人生。单单享有精神生活，只依赖闲暇（即当智力不需要由意识欲念来驱使的时候）时光是不够的，必须拥有真正足够的智慧力量，来摆脱意识欲念的纠缠，才有资格和精力从事纯粹的精神活动，这种活动不必为意识欲念来效力。相反，正如塞涅卡所言：“精神生活的空虚，让无聊的玩乐埋葬了鲜活的灵魂，躯壳就如一座活死人墓。”

每个人的思维能力都不一样，与之相对应的精神生活也有所不同。精神生活除了现实生活之外还可以无限延展，没有止境。例如，最简单的搜集昆虫的标本，观察鸟类的习性，或是对矿石、铸造钱币的研究，甚至极为复杂的创作诗歌或哲学作品。这种充满智慧和乐趣的生活，让人们收获了思想的最高成就，从而摆脱了无聊的纠缠，更避免去犯低级的错误。因此，这种精神生活像一道盾牌，不仅帮助我们抵挡了无聊乏味的人际关系，还使我们免遭恶习的不利影响。那些想要将自己的幸福和快乐完全寄托在外在客观世界的人，必然会遭遇各种危险、不幸、损失乃至因放纵无度、交友不慎所带来的烦恼和影响。只有精神生活的富有，才可以保护我们远离这种危险，如我的哲学，它虽没能给我带来物质上的实惠，却帮我避开了许多烦恼。

在追求人生幸福方面，一般人都会把身外之物当作幸福的来源，期望从财富、社会地位、妻室子女、朋友与社会关系等方面对自己是幸福的加以证明。殊不知，一旦他失去了这些东西，或者觉得这些东西没有达到他的希望时，他的幸福感就会消失殆尽，就像建筑的基石瞬间崩塌。可以说，这样的人，重心完全不在他自身，而是随着每一次的心血来潮而不停地改变。假如他的经济实力允许的话，他一定会做一些毫无意义但需要消耗大量资金的蠢事。也许他今天看中了乡下的一幢别墅，明天又相中了集市上的一匹马，心血来潮时他会召开盛大的宴会邀请朋友参加，心情好时也许会去旅行看风景。总之，他所做的一切，他认为的奢侈生活，只不过体现了他想从外在的乐趣中获得满足感。这就好比一个失去健康的病人，祈望通过各种各样的汤药重新获得健康，却不去探究发展自身的生命力量。然而，恰恰是生命本身的力量才是战胜一切、获得幸福的真正来源。

我们暂且抛开那些极端分子不说，只谈比较居中的一类人。他们也许能力不是很突出，没有傲人的成就，但也绝不是泛泛之辈。一般情况下，这种人业余时间会对某一项艺术或者科学产生兴趣，譬如天文学、历史学、植物学、物理学、矿产研究等，并从这些爱好中找到乐趣，进而提升自己的精神修养。如果幸福的外在条件突然失去，或不能满足需要时，这些业余爱好和研究就会给人带来乐趣。这样的人，才是我们所说的“他的人生重心，已经大部分在于他自身了”。

不过，这种对艺术的浅显的业余爱好，与真正的创作还是有差距的。何况一个业余爱好者对实用科学的追求往往只停留在表面，并不能深入事物的核心。由此得出，人不能把自己全部等同于这种追求，更不能让这一类事情完全占有、填满自己的整个人生，最后导致对其他一切都失去了兴趣。

只有我们称之为“天才”的、具有较高智慧和精神禀赋的人，才能够达到一定的高度。将自己一生的时间和精力，都用在研究某个事物存在价值及其本质的主题上。并按照自己的意愿，将对人生的深刻思考以诗歌或哲学的方式呈现出来，以求表达出对这个世界的独特理解。因此，对于天才来说，不被外界打扰，能一心一意地忙于自己的思想研究和作品创作，是一件十分重要的事情。他们乐于独处，享受寂寞，能够有空余的时间是他们求之不得的幸福。在他们眼里，除此之外，其他都是多余的，甚至是一种累赘和负担。只有对这样的人，我们才能说，他们的人生重心完全在他们自己身上。

对此，我们也可以这样理解：这些生活当中极为罕见的人，不管他们性格有多么优秀，都不会像一般人那样，对朋友、家庭和社会上的一些团体产生多么大的热情和多么强烈的兴趣。当他们拥有自我强大的内心和高尚的品质后，其他外在的东西即使失去了，也不会令他们感到难过和沮丧，因为他们的关注点早已不在这里。远离喧嚣的独处是他们尊崇的生活方式，特别是当外界的一切从没有真正满足过他们的需求时，这种生活方式产生的影响就尤为明显。这种天赋异禀的人，游走在人群当中，早已经习惯了被别人当作另类。长此以往，他们在与各种各样的人群接触后，对普通人性的思考便不再用第一人称的“我们”，而是使用第三人称的“他们”。

由此我们可以得出结论，一个天生禀赋超群的人是最幸福的人。确实，主观意识对我们的影响要远远大于客观事物对我们的影响。不管客观事物是什么，它对我们产生的影响都是间接的，而且还必须得通过主观意识才能发挥它的作用。对此，希腊作家卢奇安在他的《对话集（一）》里作了形象的表达：“只有精神的财富才是唯一的、真正的财富，其他的财富只会带来无尽的烦恼。”

一个内心富有的人，对外界是别无所求的，他只希望拥有自己的空间而不被人打扰。可以充分地培养内在的智慧，完善精神的强大，从而享受这种内在富有带来的幸福，并可以随时随地做快乐的自己。假如命中注定他的思想要在整个人类的历史上留下印记，那么对他来说，幸与不幸，只有一个标准可以衡量。那就是，他能够真正地挖掘并发挥出他的优秀才能，完美地展示出他的杰作，或者因为重重困难不能如愿以偿。而其他一切，在他看来都是微不足道、毫无意义可言的。

从古至今，伟大的人物都会将属于自己不被打扰的空间视为最宝贵的财富。亚里士多德曾在他的《尼各马可伦理学》第十卷第七章里说："人的闲暇中隐藏着幸福。"罗马帝国时代的古希腊哲学史家第欧根尼·拉尔修则宣告："苏格拉底称赞闲暇是最美好的财产。"同样，在《尼各马可伦理学》中，亚里士多德总结道："致力于哲学研究的人生是最幸福的人生。"而他在《政治学》第四卷第十一章里也说过："一个人能够自由地去发挥自己的才能，不论这种才能是什么，都会是最有意义、最幸福的事。"这些观点与歌德在《威廉·迈斯特》中的言论是一致的："天赋异禀的人注定会享受因这种异禀而带来的好处，并从中获得无限的幸福快乐。"

但是，作为普通的老百姓，很难拥有不被打扰的闲暇，因为这并非人的本性。普通老百姓为了自己和家人的生活不得不四处奔波，为生存而挣扎度日，让他们拥有什么高雅的精神乐趣，是一件很难的事。所以说，作为一个普通人，要是没有虚假的目标，或者通过各种娱乐消遣来使其忙碌的话，那么闲暇对他来说就成了一种负担，甚至变成痛苦的折磨。他会极其厌倦这种悠闲，就像有些谚语中说的那样"闲暇带来的无所事事会让人寝食难安"。

另外，一个人如果天生禀赋超群，也是违反自然规律的，是不正常的。假如真有这样的人存在，那这个人无疑是最幸运也是最幸福的。那些被普通人视为累赘的闲暇时光，却正是他们所需要的。如果没有完全的自由和闲暇，他们就会像失去双翼的飞马珀伽索斯一样，毫无灵感和幸福，快乐不起来了。

当然，如果这种闲暇与内在的聪慧敏锐完美地结合，这两种特殊的条件都存在于同一个人身上，那将是最幸运的事了。能被命运如此眷顾的人，一定会过着更为高级的生活，不会受到物质贫乏和精神无聊这两种痛苦的折磨。不用再为了生存而去承受奔波、挣扎之苦，更不用忍受闲暇所带来的无聊烦恼。人生的这两种痛苦，只有在它们的相互中和中，才能让人真正地摆脱困扰。

从另一个角度来看，那些智力超群的人，他们的思维特别活跃，所以都具有异常敏锐的特性，对各种痛苦有着高度的敏感。这种天赋让他们拥有狂热执着的性格，即使他们有意加以掩饰，却在对事物的认知当中表现得更加鲜明，更加完整。随之而来的突出的思维能力和更强烈的感知能力，则让他们显得更为卓越，使他们的情感比普通人更为激烈。在一般情况下，这种人会比普通人更能感受到痛苦，对他们来说，世间的痛苦远甚于快乐。

最后，那些拥有超凡智力的人，也许会疏远其他人或他们所做的事。因为一个优秀的人，他拥有的越多，他从其他人身上发现或得到的就越少。在别人看来十分欢喜而有意义的事，在他眼里都是了无趣味、浅薄无知的。这也许是无处不在的“平衡法则”发挥作用的又一很好例证。人们常常热衷于一些似是而非的说法：思想狭隘的人其实是幸福的，虽然不会有人羡慕这种幸福，但实际上他们的确是最幸福的人。我不会在这一点上影响读者自己的判断，特别是在索福克勒斯就这两种截然相反的观点作出评论时。索福克勒斯认为：第一，智慧的头脑是获得幸福的主要因素；第二，少去思考那些无用的事，是最愉快的生活模式。对此，先哲们在《旧约》里也有过不同的阐释，比如“愚蠢的人生生不如死”，同理，“一个人越聪明，他拥有的烦恼也就越多”。

在这里我还想说，有这样一类人，他们精神空虚，智力平平，思想很狭隘。在德语里，有一个独有的形容他们的词语“菲利斯特人”，这在大学校园里经常被用到。被指代为没有灵性，在利益面前斤斤计较，实际上就是指“庸人”。虽然后来这个词被赋予了更高一层的含义，即“不被缪斯女神眷顾的人”，但意思与原来基本一致。要我来说的话，我则倾向于一个更高级的观点，将“庸人”这个词语运用到现实生活中那些碌碌无为的人们身上，他们做事既呆板又毫无意义。但这种定义又太抽象，不好理解，与我写作中所倡导的浅显易懂的理念大相径庭。

除此之外，对“庸人”还有一种比较容易的阐述，充分道出了“庸人”性格中的本质和特性。按这种阐述，“庸人”就是一个没有精神需求的人。由此得出，“庸人”是没有精神乐趣的人。这和前面提出的“没有真正的需求就不会有真正的乐趣”是同一道理。也许在他的人生中，软弱的性格导致他没有获取更多知识的欲望，从而也不会获得对自己有力的思维方式的鼓舞，更不会体验到周围真正符合审美要求的乐趣。即使作为一种时尚和潮流，这种乐趣被强加于他们身上，他们也会迫使自己不去注意，因为他们对此毫无兴趣，甚至会认为是一件痛苦的事。

其实，“庸人”真正的乐趣是来自感官的，在他们看来，感官的乐趣可以弥补其他方面的不足。所以说，牡蛎和香槟，才是他们生活中的最高境界。他们的生活目标就是所有能让他们身体上获得安逸享受的舒适的东西，即使这些东西让他们忙得毫无闲暇，他们也乐此不疲，反倒觉得是一种幸福。如果他们出生于富贵之家，不需要靠自己去辛苦打拼，那么他们一开始就将陷入无聊当中。而为了摆脱这种无聊的缠绕，他们只能寻求各种办法去分散自己的注意力，如跳舞、打球、看戏、聚会、赌博、赛马、找女人、旅行等。但即便这样，也不代表他们就远离了无聊，因为没有真正的精神上的需求，就不会有真正的精神上的快乐。

“庸人”都是一副古板、愚钝的面孔，千篇一律的扑克脸与动物类似。生活没有重心让他们空虚麻木，没有什么事情能够让他们真正感到愉悦或兴奋，也没有什么能引起他们的兴趣。因为感官的乐趣只是一时的、短暂的。同样，各种社会活动也会转瞬就变得毫无乐趣，让人心生厌烦，无法承受。如果以财富、社会地位、影响力和权力来论的话，他们往往高人一等，凭借这些，他们受到别人的尊敬。甚或与那些与他们有着同样显赫地位的人相互往来，在回忆他们的光辉历史中自娱自乐。英国人称这种人的行为是“附庸风雅”，他们飘浮在虚幻的世界里，靠回忆过去的辉煌来打发时间。

从“庸人”的这些特点中，我们得出结论：“庸人”天生不具备精神需求，他们只有生理需求；他们也不追求精神需求，而是倾向于寻找那些能够满足他们生理需求的人和事。他们也从不要求别人能给予他们精神上的快乐，获得思想上的力量。如果说恰巧遇到了，这些精神上的力量反倒会令他们生出反感或者憎恶。这种情绪由来，除令人不开心的自卑感作祟外，还应该有他们内心深处小心翼翼隐藏起来的愚昧和嫉妒。时间长了，这种嫉妒就会发酵变质，变成一种隐秘的愤恨情绪。

“庸人”不会想到去提升自身的价值，或者去尊重别人的思想，他们只追逐、重视地位与财富、权力和势力。对他们来说，这些才是世上最真实的好处，他们希望自己在这些方面有所建树，胜人一筹。而这一切产生的后果就是，他们成为没有精神需求的行尸走肉。对于“庸人”来说，这是一种悲哀。不能守护思想上的高贵，为了逃避无聊，他们只能不断地追求现实的东西。而现实的东西会消亡，会失去，一旦穷尽，人就会产生厌倦的情绪，这是相当危险的，可以说是后患无穷的。事实上，精神财富才是源源不断的乐趣之源，它平静如水，广袤无垠，不会给人带来任何伤害。

在所有对幸福有帮助的个人禀赋中，除了素质之外，最主要的因素还是智慧和能力。而关于道德能够让人感到幸福的方式，我在获奖论文《道德的基础》里有所描述，在这里，我把它推荐给读者朋友。

第三章　人拥有什么

伟大的幸福论导师伊壁鸠鲁，将人类的需求准确地划分为三大类。

首先是必要的自然需求，它包括衣食住行这类比较容易得到满足的需求。如若得不到满足，就会产生痛苦。

其次是自然的需求，但不属于必需的。比如，某些感官的满足，尽管伊壁鸠鲁在《拉尔修的记录》中并没有明确说明他所说的感官意味着什么。我会在此做些补充，对他的学说的论述，在某种程度上将比其原文更加明确和准确。不过，要想满足这种需求，相对来说是比较困难的。

最后一种类型的需求，是既非自然的也不是必需的，而是对奢侈、铺张或是虚无缥缈的浮华毫无止境的需求。这种需求是更难以满足的。

人们对财富的渴求和希望，究竟要达到一个什么程度才算合乎情理呢？其实，这是很难说得清楚和作出界定的。因为如何去满足一个人对财富的欲望，是没有一个绝对或者明确的衡量标准的，只能从一个人期待得到的和他真实拥有的财产之间取一个相对的量。如此说来，衡量一个人是否幸福，若是只看他拥有多少财富，而不结合其他因素则是不准确的。这好比计算一个分子式，只有分子没有分母，是不正确的，也是毫无意义的。一个人只有在需要某种东西时，才会感到这种东西的可贵。如果他从没想过要去得到什么，他也就不会在得不到时有失去感。有没有这种东西，对他来说都是无所谓的，他一样会每天开开心心。只有欲望得不到满足、得不到自己一心想求得的东西时，人才会感到无比的失望和痛苦。

在拥有财富这个问题上，每个人都希望自己得到的更多。但是，因为人的格局不同，视野自然也有所不同，而恰恰是视野限制了人的所得。如果一个人对某一件事情的期望值，正好是在他所具有的能力范围之内，能够轻而易举地得到，他就会很高兴；相反，如果在获得的过程当中困难重重，他一定会很沮丧并因此产生烦恼。而那些不在他期望值之内的东西，则对他没有丝毫的影响。所以说，富人的巨额财产并不会让穷人艳羡，反倒是那些拥有亿万身家的富人，当他们期望的某一件事情无法满足时，他们的失落是巨额财富也无法平复的。财富就像海水，喝得越多越会口渴，名望也是如此。

人如果失去了财富，繁华散尽，最初会被痛苦笼罩。待一旦摆脱了痛苦，很快就会像从前一样，恢复到以往的习性中去。这是因为，当命运在冥冥之中减少了我们获得财富的渠道，那么我们自己也就会很快地减少对财富的期许和索取。在不幸降临的时候，最让人感到痛苦的莫过于减少对财富的需求。但是，当我们真这么做了之后，痛苦反倒会减少，直到没有一丝感觉，这就像是伤口，在不知不觉间自己慢慢愈合了。

反之，一个人鸿运当头时，一切的需求都是向上升的，这种上升趋势会让人膨胀起来，并因此感到无比的快乐。只是这种快乐并不是长久的，当膨胀消失，快乐也就戛然而止。而我们已经习惯了这种欲求的增长，需求的扩大，当拥有的财富与需求相对吻合时，我们就会不以为然了。荷马在《奥德赛》第十节中写道：“踌躇不定是普罗众生的本相，这就像上帝赐予我们的白天和夜晚一样。”

人之所以不满足，其根源在于人的欲求越来越多，期望值在无形中被推上了高峰。而这种高度是无法企及的，这让人永远处于无法满足的状态。与此同时，那些阻断我们获取财富渠道的因素却一点没有改变。事实上，人类是如此渺小，在各种各样的需求中不断地挣扎。而对金钱的贪婪更甚于其他别的需求，以至于当一个人拥有权力时，想到的不是怎么造福人类，而是怎么用它获取财富，这在当下已不是稀罕事。人们早已经习惯了某些人将获得金钱利益当成人生唯一的奋斗目标，将一切不能为谋利带来好处的东西丢到犄角旮旯，比如研究哲学的人，放下研究，将哲学丢弃一旁。“天下熙熙，皆为利来；天下攘攘，皆为利往”，这句话足以道明人们对金钱的渴望和热爱。而当人们超越了应遵循的度后，便会受到谴责。

而实际上，人类对钱财的喜爱是与生俱来的，这种热爱无法避免。因为钱财就像希腊海神波塞冬，永远不知疲倦地满足人类对一切物资的需求和欲望。而其他的任何东西，都只能满足人的一种需求，一个愿望。就如任何美食都只有在人饥饿时才用来填饱肚子；只有当你想喝时，酒才是醇美的甘霖；人在生病时才需要药物；貂皮大衣只有在天寒地冻时才能御寒保暖；时尚的衣服只有穿在年轻人的身上才会魅力四射。凡此种种，都只是相对的“好”，只有钱财才是绝对意义上的“好”。因为钱财不只是满足某一个具体的需求，它可以满足一切抽象的需求。

当一个人拥有大笔财富时，应当将其作为抵挡可能发生的一切不幸与灾难的堡垒，而不应是一张可以任意挥霍的通行证，一个可以肆意寻欢作乐的乐园。那些出身贫困的人，通过后天的努力和自身的天赋，也会挣得大笔的财富。他们通常认为这种天赋就是资本，是永远的本金，而他们挣得的钱财不过是这种资本产生的利息罢了。他们从不做长远打算，将自己辛苦所得的钱财拿出一部分积攒起来，作为固定资产，而是赚多少花多少。当他们没有收入或生活没有着落，才思枯竭时，就会陷入贫困的窘境。譬如那些搞创作的艺术家们，他们的天赋只适用于某个特定时期或环境，而当那个时代早已不复存在时，一切就走到了尽头。

那些擅长一门手艺的人大多都是如此，他们喜欢赚多少花多少。因为他们独特的手艺不会轻易地就消失了，也不会被别人取代。而且因为他们所掌握的技能有市场需求，所以不论什么时候都能赚得钱财。对此，有句谚语说道：“掌握一门手艺，就拥有了永久的饭碗。”

不过，艺术家和各个领域的精英专家们却不是这种情况。他们凭借自己的才华和能力，获得高额的报酬。他们本来可以把赚来的钱财作为资本，但他们却将其当作才华和能力带来的一点利息，挥霍殆尽。

而那些继承祖业的人，至少能知道如何区分本金和利息。他们中大多数人都会想尽办法来保证本金的安全，轻易不会动用。如果条件允许的话，他们甚至会把利息的 1/8 存起来，以备日后的不时之需。这种防患于未然的做法，使大多数人过着宽裕富足的日子。

这种关于本金和利息的论述，对商人来说是毫无用处的。因为在商人看来，金钱只是他们用来赚取更大利益的工具，和工人用来干活的工具异曲同工。尽管他们的钱财是他们辛苦挣来的，但他们依然会通过花钱来让它保值或增值。由此可以看出：商人是所有人群中最会运用金钱赚取利益的人，他们也是最富裕的人。

在一般情况下，那些从没有真正体验过贫穷的人，是无法与那些经历过坎坷困苦的人相比较的。正因为经历了坎坷困苦，这些人才不惧怕贫困，也更容易任由自己去铺张浪费。那些出身条件比较好的人与那些一夜暴富的人相比，往往更加懂得在生活上节制自己，更加懂得规划未来。

由此也说明了一个道理：贫穷并没有我们想象的那么可怕。那些生在富裕家庭的人们，犹如生活在蜜罐子里，他们从出生开始，财富就是生活当中必不可少的因素，如同空气一样。因此，他们养成了精打细算、勤俭节约的品德，并且有条不紊地规划着自己的生活，像爱护生命一样爱护着财产。

而那些出生贫寒的人正好相反，他们对贫穷早已习惯成自然。他们即使通过后天的努力获得了财富，也不会加以珍惜，而是把它当成意外的盈余，供自己享受和浪费。一旦他们花光了所有、身无分文、又回到从前那种窘迫艰难的日子时，他们反倒释然了，认为自己省却了许多的烦恼。这就像莎士比亚在他的《亨利六世》下篇第一幕第四场中所说的那样：“乞丐如果骑上了马，不把马儿跑死，是不会善罢甘休的。”

不过，这类人对自己的命运和能力，都有着坚定不移甚至是超乎常理的自信。这份自信不单单是想法，而是融入了实际行动当中，使他们克服重重困难，乃至摆脱贫困的处境。所以，与那些天生就有钱的富人不一样，在困难面前，他们并不认为贫穷就是走不出去的无底洞。就算再次变得一无所有，在他们看来也不过是再打一次翻身仗，大不了从头再来。

人类的这种特性，很好地解释了为什么一个贫穷的姑娘在嫁作人妇后，要比那些带着一大笔可观嫁妆的富家女更喜欢铺张浪费，有更多的要求和欲望。与那些贫穷的女孩相比，富家女带给丈夫的通常不只是大笔的财富，还有贫穷女孩所没有的、血液里那份对财富强烈的守护意识。如果有人对此产生怀疑，认为结论应该是相反的，那么，他可以去阿里奥斯托的第一篇讽刺作品里，找到比较权威的答案。

不过，约翰逊博士是同意我的观点的。他认为：“一个在富裕环境中长大的女人，是懂得如何管理和花费钱财的。但是，一个在结婚后第一次掌握经济大权、拥有大笔钱财的女人，是渴望花钱的，甚至会因一掷千金而导致挥霍无度。”不管怎样，我都想向那些娶了贫穷女孩为妻的人提出建议：为了以防万一，不要把所有的财产都交给她们管理，只给她们生活所需的份额就好。

而特别要慎重的是，不要把孩子应该继承的财产交给她们保管。

我觉得，在这本书里，我提出的让人们妥善保管好自己已经挣得的钱财，或是继承来的财富的建议，并非在浪费时间，毫无道理，而是具有一定的价值的。能够一出生就拥有财富，这是一个人强大的先天优势。因为他不用为生计去奔波，完全可以按照自己的心意去过优渥的生活。不用考虑家人，更不用去朝九晚五地忙碌，还可以完美地保持着个人的独立性。他们因此而远离了生活当中可能遭遇的贫困和烦恼，摆脱了普通大众无法逃脱的命运——从繁重辛苦的体力劳动中解脱出来。唯有得到上天如此眷顾的人，才可以称得上是一个完全自由的人，是能够主宰自己的时间和命运的主人，能够在每天清晨醒来时对自己说："这一天是属于我自己的。"

同样的道理，一个月收入 100 块钱的人与一个月收入 1000 块钱的人之间的差别，要比月收入 100 块钱的人与毫无收入的人之间的差别要小很多。如果一个禀赋异常、能力超群的人继承了大笔财产，也许他不能实现利用所得到的财产去赚取更多钱财的野心，但他一定能让这笔财产发挥出它最大的价值。这类人得到了命运的双倍垂爱，可以不必操劳，凭借他的才华生存下去。他可以通过自己的能力，去帮助那些无法达成心愿的人实现心愿，可以为别人创造机会，用自己的行动为普通大众谋得福利。他所做的一切慈善事业，不仅服务了普通大众，也为自己博得了良好的声誉。

即使换作其他人，在这种优越的条件下，也会选择做公益事业，为普通大众的利益和福祉去努力奔走。如果一个人对这种给大家带来幸福的行为都无动于衷，不去做，也不准备去尝试，甚至从没想过去学习一下，以便让自己得到提高，那么即便他生在富裕之家，也是一个懒汉，一个游手好闲的纨绔子弟罢了。这种人不会有幸福感，即使借助祖上的荫泽免于贫穷，但却无法逃避另一种痛苦的袭扰，那就是无聊。当无聊像藤蔓缠绕着他时，他甚至觉得整日劳碌奔波的贫困生活，都是一种幸福的享受。当这种人陷入无聊时，更容易滋生挥霍和浪费，并由此导致他们最终失去自己先天的财富优势。从现实生活中我们可以看到，很多拥有大量财富的人，因为自己的挥霍无度，为了寻求片刻的欢愉和缓解精神上的压力，在获得瞬间的解脱后一贫如洗。

不过，要是一个人的人生目标是在政治上获得高位，以求出人头地，则另当别论。为了达到升迁的目的，他须一步一步往上爬。在这个过程中，他必须赢得别人的赞同，交到朋友，建立人脉，在大家的帮助下平步青云，获得官位。由此看来，一个出身贫困、一文不名的人，似乎更容易获得成功。

特别是那些出身并非名门望族，却有鸿鹄之志的人，贫困的生活使他们练就了特殊的才能，这些才能作为优势会在现实生活中淋漓尽致地发挥出来，甚至可以因此获得贵人的提携。我们从日常生活中就可以看到，在人与人的接触中，那些身居要职高位的人最喜欢做的，就是证明别人都不如自己。只有一个毫无根基、绝对的穷光蛋，才能让那些位高权重的人相信，他从里到外的卑微和彻彻底底的不如自己。而这种穷光蛋也确信自己的无足轻重和一钱不值，并且会时刻记在心里，然后心安理得地成为政治机器中的一颗螺丝钉，并对提携他的人感恩戴德。

只有这样的人，才能卑躬屈膝，奴颜献媚，并且在需要的时候匍匐在地。他可以忍受别人忍受不了的一切，并无条件地服从。实际上，这种服从没有任何价值。而当那些达官贵人附庸风雅地随便写下几个字，他便会将其奉为杰作而大肆吹捧。更别说那些不入流的文学作品了，他会用最洪亮的嗓音和最醒目的字体来为对方喝彩。他从小就知道点头哈腰、摇尾乞怜，对厚黑学理解精确，就像歌德笔下那个通晓一切隐秘的大祭司。这些，歌德在书中都有所揭示：对卑鄙和下流进行抱怨又有什么用呢？这个世界都已经如此了。

相较之下，那些一出生就在蜜罐里长大的富家子弟，往往个性强烈，不受管束。他们习惯于昂着高傲的头颅，更不想去学习那些处世之道。他们或许在某一方面拥有才华，但他们更应该清楚，这种才华是无法与溜须拍马、阿谀逢迎的本事相匹敌的。最终他们将会发现，那些爬到他们头上的人是多么的庸俗卑劣。而当他们遭到这种平庸之辈的侮辱时，会感到羞愤难当。但这个世界就是这样，刚直、不巴结并不是生存之道。倒不如像伏尔泰那样一针见血地指出：“人生短暂，我们不值得浪费精力去对那些卑鄙的流氓奴颜婢膝。”

但是，在现实当中，“卑鄙的流氓”适用于绝大多数人，这已然成了一种社会现象。也正因此，古罗马著名的讽刺诗人尤维纳利斯说：“才华在贫困面前毫无用武之地，向上爬是极其困难的。”比起政界和社会上的那些野心家，这番话更适合用在文艺界。

对于“人拥有什么”这一主题，我并没有把妻子和孩子包括在内。与其说一个人拥有妻子和孩子，还不如说他被妻儿所拥有。反倒是把朋友归入这一类更合适，因为对于朋友，既可以说他属于朋友，也可以说朋友属于他。

第四章　在别人眼中我们的样子

我们在别人眼中是什么样子，不过是别人对我们的生存方式的一种看法。但作为人性中与生俱来的一大弱点，人总是特别在意这一点。实际上，只要我们冷静下来想一下就会明白，不管别人如何看待我们，都和我们的幸福没有关系。

所以，我很难理解，为什么有人看到别人给自己一个好的评价或者是说了几句让他的虚荣心得到满足的恭维话时，就会特别兴奋，乃至沾沾自喜。这跟我们抚摸猫咪时，它发出很享受的呼噜呼噜的声音多么相似。当一个人听到别人对自己的夸奖时，脸上立刻就会露出喜悦的笑容，因为这份夸奖是他引以为傲的。哪怕夸奖的话是虚假的，他也照收不误。即使在现实生活中遭遇到困难或者不幸，只要有人为他喝彩，给他慰藉，他仍然会从不幸中振作起来。

反之，当一个人的自我重要感受到伤害，且不论这种伤害的起因、性质、程度是什么，哪怕一丝蔑视、嘲讽、怠慢和贬低性的言语，都会让他觉得受伤很深，并为此烦躁不安。由此可知，一个人被他人的看法所左右的程度是多么深，这实在令人惊讶！

荣誉感是人类独有的天性，如果将它作为道德的替代品，将会激励大部分人对自身行为进行约束。但是，一旦涉及幸福，这种强烈的荣誉感就会现出弊端。因为只有来自思想的独立与心灵的平静，才是获得幸福的真正源泉，而过重的荣誉感，只能阻碍人的思想，对获得幸福起不到任何有益的作用。

所以，建议人们不要太过于看重这一人性的弱点。通过仔细的思考来确定它的价值，既不高估它，也不贬损它。不论别人是吹捧我们还是贬低我们，都要做到不卑不亢，谈笑自如。否则，就会被别人的看法和意见所左右，成为别人思想的奴隶。贺拉斯在他的《书信集》第二部第一首诗中写道："那些令渴望得到赞美的人心思混乱的风言风语，是不值一提的。"

由此看来，正确对待"一个人是如何看待自己的"与"在别人眼中我是什么样子"这两者的价值，对我们获得幸福是大有好处的。

一个人是如何看待自己的，这其中包含了人自身的生存空间和精神层次以及所有的福气。在前面我们已经讨论了"人是什么"和"人拥有什么"，在讨论内容中已经对人的福气进行了论证，即我们生存的意义。其实，所有这一切，都是由我们的意识决定的。

另外还有一种价值，是来源于别人对我们的评价，这种价值实际上是由别人的意识来决定的。我们是怎样的人，在别人眼中形象如何，不取决于我们自己，而是取决于别人的意识领域。但是，别人的意识并不能直接影响到我们，只能间接作用于我们的生活。只有当他们的行为给我们带来启发时，我们才会去考虑他们的意识，接受他们的影响。

除此之外，我们应该清醒地知道，别人在想什么对我们来说一点意义都没有。当你看清了一些人浅薄无知的思想，狭隘自私的观点，尖酸刻薄的态度，自以为是的认识及漏洞百出又荒谬的意识时，就会淡然处之，而不会对来自他们的看法耿耿于怀了。

再者，从我们亲身的经历也可以知道，当一个人没有必要害怕对方，或者认为自己说的话不会传到对方耳朵里时，就会在背地里说人家的是非。这就和我们听到一群傻瓜在那里不知天高地厚地议论伟人一样，实际上那些议论与我们本身没有任何关系，完全可以置之不理。如果我们过分在意那些议论，实在是太看得起那些人了。

无论如何，一个人若是不能在我们前面讨论过的自身内在本质和外部的财富资源中找到幸福，而非要在别人对自己的认知里寻求慰藉，那他是不会获得成功的。

一般情况下，一个人生命最根本的基础以及我们生活幸福与否的基础，都源于我们的身体是否健康，这同样是动物的本性。所以说，健康的体魄才是我们获得幸福的根本，然后才是能够维持我们独立自由生活的能力，也就是让我们衣食无忧的物质条件。这些因素不分先后，但都是不可替代的。而名望、荣誉、地位和奢侈的享受等，不论它们的价值如何被高估，都没有办法与那些根本性的基础相比较，更不用谈取而代之。一旦有必要，我们就应该毫不犹豫地将这些东西丢掉。我们应该清醒地认识到，人首先是寄居在自身的皮囊当中，而不是活在别人的评价里。

所以我们个人的实际生活条件，如健康、性格、能力、妻儿、亲朋、居住环境等，都会增加我们的幸福感，要比别人怎么看我们重要上百倍。如果连这一点基本的认识都没有，我们还何谈幸福的生活。

有些人总是在不切实际的幻想中越走越远。在他们眼里，荣誉要比生命本身重要得多。他们甚至觉得，生存和幸福跟别人的看法相比，一文不值。当然，这些话也有夸张的成分，但它无非是想以这种枯燥的理论做基础来表明：想要在这个世上安身立命，一个人的口碑很重要，即别人对我们的看法是不可或缺的。关于这一点，等我回过头再来阐释。

大多数人奋斗一生，不遗余力地拼搏进取，历经千辛万苦，无非是想获得别人的好评和认可。这样看来，职位、头衔、荣誉、财富乃至知识和艺术，都是他们追求的目标，这些努力的最终目的，都是为了提升他们在别人眼中的价值和地位。由此可见，人是多么愚蠢。

太过于看重别人的意见和看法，是人们经常犯的一个错误。这种错误有可能是人类与生俱来的天性，也有可能是在社会文明发展过程中产生的结果。但不论是什么原因，对这种错误过度的放任已经影响了我们的所作所为，损害了我们的幸福。常常顾忌别人对自己的看法，担心别人会说什么、怎么说，是一种胆小而奴性的行为。例如，平民弗吉厄尼斯，因为不满罗马暴君克劳狄乌斯侮辱了他的女儿，竟将剑直接插入了女儿的心脏，亲手杀死了自己的女儿。甚至有些评价，直接诱使人们为了死后的名誉，去牺牲自己的安宁、财富、健康乃至生命。

这种错误对那些企图控制别人、野心勃勃想统治世界的人来说，无疑是一个非常好的理由和手段。因此，在人类的各种学习当中，维持和强化荣誉感一直占有极其重要的地位。但是，为了人类自身的幸福，我必须在此提醒大家，不要过度重视别人的看法，过重的荣誉感并不能给人带来幸福。

在日常生活中，人们总是特别在意别人的看法，从而忽略了与自己切身相关的东西。他们更在意别人的评价，正因如此，自然的秩序被打乱，错误地把他人的看法当成了真实的存在，把自己的意识当作虚无的观念性的东西。他们本末倒置，把衍生物和次要的存在，当成非常重要的东西，认为他们向世人所展示的形象，要比他们自己本身更重要。

人们常常把完全不为我们所拥有的东西看成自己的。殊不知，这种愚蠢的做法，往往让人陷入虚荣当中。而虚荣本身既没有实体承载，也没有实质价值，空洞又虚幻。就像守财奴对金钱不择手段的狂热追逐，最终却忘了追逐的目的是什么。

很多时候，我们太在意别人的眼光，并为了获得别人的好感而不断地努力，甚至失去理智，忘记了我们想要得到的是什么。这种行为在人群中普遍存在，就像天生得了一种狂热症。在我们应做的任何事中，首先考虑的都是别人的看法，面对别人的品头论足，惴惴不安，并为此忧心忡忡，感受不到一点儿幸福和快乐。担心“别人会怎么看”，不过是我们自身的虚荣和狂妄在作怪，这份敏感，让我们常常无端受到伤害。而虚荣和狂妄作为我们奢侈生活和自我炫耀的一种形式，并没有给人带来轻松和愉快。如果不是担心“别人会怎么看我”，没有不切实际的期待，几乎有

9/10 的奢侈品是不存在的。

所谓的骄傲与荣耀，不论它们以什么形式和内容存在，也不论它们会带来什么影响，归根结底都是以人们担忧别人会怎么看为主发生的。究其根源，生活中一大半的烦恼和困扰，都是出自这种担忧。而所有的狂妄自大、矫揉造作、虚荣自负，也无不是来自这种担忧。人们之所以处在频繁的忧虑当中，皆是由于那可怜的自尊心太脆弱、太敏感造成的。人们从小就被培养成注重荣誉感的人，到了青壮年时期，对荣誉的追求更加明显，到了晚年，随着感官享受能力的衰退，虚荣心和骄傲感及贪欲更是占据了主导地位，乃至达到了顶点。

世界上要说虚荣心最重的国家，非法国莫属。法国特有的地域色彩，赋予了法国人荒唐的民族虚荣心和荒谬的野心，以及自以为是的自我吹嘘。他们目标很高却往往事与愿违，虚荣心取代了他们自身的努力奋斗，因此，受到世人的嘲笑，被戏称为“伟大的民族”。

因为别人的看法而引起的过度担心，在这里我们可以特别地加以说明。我们可以根据环境与人物的关系将二者糅合，在一个合适的情况下，找出人类本性中愚蠢的地方。通过具体的事例，检测出人类这种奇怪行为的动机。而对他人的看法有悖于常理的极度关心的例子，我从 1846 年 3 月 31 日的《泰晤士报》上找到一篇文章，是关于一个叫托马斯·威克斯的死刑犯被行刑时的情况报道。托马斯·威克斯是一名学徒，出于报复，他杀死了自己的师傅。虽然环境和人物显得有些极端，但是，这个事例可以让我们从中了解到，人类“在意别人看法”的愚昧天性已经达到了一定的程度。

报道说：“在执行死刑的那天上午，负责倾听托马斯·威克斯忏悔的牧师早早地就来到了他的身旁。但是，威克斯对牧师的到来毫无兴趣，他心里唯一焦虑并放不下的，却是如何在那些围观他被执行死刑的观众面前，表现得勇敢一点。”而他也成功地做到了这一点。他迈着稳健的步子穿过庭院，向着监狱里面的断头台大步走去，仿佛他走近的不是死亡，而是神圣的教堂。他用周围人都能听到的声音说：“正如多德博士所言，我很快就能知道那个最伟大的秘密了。”这个可怜虫虽然被五花大绑，但是，他没有让任何人搀扶，而是自己走上了断头台。并且向四周围观的人群鞠躬行礼，下面的人群立刻爆发出愚昧的欢呼声和雷鸣般的掌声。

一个人用这种方法迎接死亡，也算是奇葩了。可怕的死亡近在咫尺，跨越过去便是茫茫无际的永恒。而这个学徒死到临头不担心别的，还在担心是否能给一群看热闹的观众留下好的印象，担心他死后别人会怎么议论他。

无独有偶，与这个案例相似的勒孔案，也发生在这一年的法国。作为一名地位、身份都不一般的伯爵，勒孔因试图谋杀国王而被判处死刑。在审讯过程中，他因为自己没有被获准穿着干净体面的服装出现在上议院而郁郁寡欢，忧心忡忡。在临行刑前，他要刮脸净面的请求没有获得准许，为此他痛苦不堪并大发雷霆。

这种情况，不仅仅在我们这个时代才有，我们从文艺复兴时期西班牙著名小说家马迪奥·阿莱曼著名的爱情小说《古斯曼·德·阿尔法拉切》中便可得知。这本书在引言部分就告诉我们，很多不小心走上犯罪道路的人，不抓紧生命最后的时间好好忏悔，以求拯救自己的灵魂，却把心思花在了临终遗言上，只因为他要站在断头台上朗读这份遗言。

正是这些比较极端的案例，真实地反映出人类的本性。在很多情况下，我们的焦虑、忧愁、烦恼、困扰、迷茫、不安乃至奋斗，都是因为太在意别人的看法。就如上面所举的案例中的犯人一样愚蠢，人类的善妒和仇恨也一点不差地来源于此。

显而易见，人类的幸福主要来自我们自身的思想平和与内心满足。要想增加幸福感，必须控制好并减少人类天性中的冲动，使其在可控的合理范围内，比如当下的1/50。通过这种方式，我们可以拔出那根隐藏在肉里的毒刺。但这样做实际上是有一定难度的，因为这种冲动毕竟是人类与生俱来的乖僻天性。古罗马最伟大的历史学家塔西佗曾说:“再聪明的人，也是到生命最后一刻，才从对名誉的追求中解脱出来。”

要想杜绝这种普遍存在的行为，唯一的办法就是认识到这种行为是愚蠢的。为此，我们应该知道，大部分人脑子里的大多数想法可能都是不正确的、混乱的、执拗荒谬的，对它们的过分关注没有丝毫意义。而且我们还要明白，在生活中，很多情况下，他人的想法并不能真正影响到我们。有时候，别人的意见也是不真实、消极的，我们没有必要因为他人对自己评头论足的言语而情绪失控。最关键的是，我们应该清醒地认识到，即使是名誉本身也没有什么直接的价值。如果人们能够摒弃追求荣誉这一愚蠢行为，将会给我们的身心带来莫大的益处，将会以更加坚定、自信的姿态来面对世界，举止行为也将更加从容、真实。

人们心灵中的那份安静祥和，才是我们生命的本源。比如，隐居这种生活方式，就是建立在这个基础之上的。我们远离别人的视线，不用再活在别人的看法里，也不必再在意别人对我们说什么，最终回归到真我。同时，我们还可以避免很多现实生活中的不幸，因为不幸只会消耗我们的精气神，并将我们引入无可救药的愚蠢的歧途。我们的醒悟，可以让我们更多地关注现实生活，不受干扰地享受现实生活的美好。

我们的天性中不单单只是愚蠢本身，还由此生发出野心、骄傲和虚荣这三根枝丫。骄傲和虚荣的区别在于：骄傲是坚信自己在某一方面拥有别人无可比拟的价值；而虚荣却是渴望别人能够相信自己在某一方面具有价值，希望通过唤起别人的信任，来印证自己内心的想法，让自己也能够相信自己是有价值的。

所以说，骄傲是源于内在的一种对自我的高度欣赏和认可；虚荣则是渴望从外界间接得到这种欣赏和认可。虚荣的人大多比较自负，擅于夸夸其谈，而骄傲的人几乎都是沉默寡言的。但是，虚荣的人更应该清楚，既然自己挖空心思想获得别人的认可，就该学会保持沉默，而不是聒噪个没完。适当的沉默，更容易获得别人的好感。

骄傲也不是谁都能做得到的，很多人不过是做做样子，很快就会放弃伪装，露出本来面目。只有那些坚定不移地相信自己确实具有无与伦比的优点和价值的人，才能自信地真正骄傲起来。当然，这份自信也许是不正确的，或者只是来自性格当中的天性使然，但是，只要每个人都对自我的价值深信不疑，充满信心，就不会妨碍骄傲的感觉。根植于心中的这份骄傲，就像其他意识一样，已经成为一种客观的存在，并非我们的主观意识。

虚荣是骄傲最大的敌人，也是最大的障碍。骄傲的前提条件就是对自己的价值充满自信；而虚荣则是为了博得他人的赞美，以便从中获得自我价值的肯定而处心积虑地讨好别人。

骄傲总会引起别人的抨击和诋毁，我猜想，那些使用抨击与诋毁伎俩的人，自身肯定没有什么值得骄傲的地方。

无论是谁，在面对别人的失礼和傲慢时，都应该在心中牢记自己的优点和长处。如果为了迎合别人而忽略了自己的优势，把自己装扮得和大家一样，过从甚密，那么，人家就会把你也当作他们同一层次的自己人来对待。

在这里，我想特别提醒那些具有优秀才能的人，这些优秀才能是实实在在存在的，是一种纯粹的个人天性。它不像级别和地位，时刻都希望引起别人的关注和在意。一个人过分的随和，反倒容易招致别人的蔑视和忽略，就如古罗马人常说的："愚人倒来教导智者。"或者如阿拉伯谚语所说："如果你和一个身份卑贱的人开玩笑，他马上就会忘乎所以。"伟大的贺拉斯教导我们说："该是你的荣誉和骄傲，千万不要推辞。"

不过，当人们把谦虚当成一种"美德"，那些无赖之人反倒获利最多。若按这种说法，谦虚是一种"美德"，那岂不是天下人都要将自己说成一个无赖样子才可以？可见，谦虚拉平了人与人之间的差距，仿佛这个世上只有无赖似的。

而最廉价的骄傲是民族骄傲，即所谓的“民族自豪感”。当一个人本身没有什么值得炫耀的优点时，民族自豪感就成了他华丽的外衣，他借此才能骄傲起来。否则，他不会抓着那些千百万人共同的东西引以为傲。那些真正有个性、有才华的人，才会更加清醒地发现自己国家和民族的缺点与不足，因为这些缺点和不足就暴露在那里，让他时刻不敢忘记。

但一个本身没有什么值得骄傲的自卑的傻瓜，就只能将自己所属的国家和民族当作最后的依靠，并以此为荣了。国家或民族成了他的救命稻草，他因此丢弃自卑，因为他属于这个国家，这个民族。民族自豪感让他精神振作，骄傲无比，他会不分青红皂白地誓死捍卫国家或民族的荣誉，哪怕是缺点，并随时准备着为自己错误而愚蠢的行为进行辩解。

如果让我们举例来说明，那么英格兰人的愚蠢和偏执无疑是最好的例子。当人们礼貌地指出这个民族的缺点和毛病时，在五十个英格兰人中，恐怕只有一个人头脑清醒。

相反，德国人是没有这种民族情结的，所以他们被世界所认可，被称赞为“最诚实的民族”。但也有一些德国人的行为失去了诚实的本质，这些人主要是“德意志兄弟”和一些民主党的政客。他们用可笑而虚伪的方式，曲意逢迎，蛊惑人心，装模作样地宣称为德国而感到骄傲，实际上却是在误导国民。他们甚至说是德国人发明了火药，但我并不相信这种说法。德国的启蒙学者利希滕贝格曾问："为什么没有人会冒充德国人？而大多数人都喜欢去冒充法国人或者英格兰人？"

我想，究其缘由，无非是人的个性要远远优于民族性。无论在何种情况下，一个人独特的个性都要比民族性更为重要。

因为离开民众，所谓的民族性根本就无从谈起，既然无法在不涉及民众的基础上去提及国民性，那么，想要做到在高声赞扬的同时还能保持诚实，是不现实的。无论在哪个国家，人类那些卑劣、狂妄自大及虚假做作的品行，都会集中地以某种方式显现出来，这就是所谓的"国民性"或者"民族性"。我们常常因为讨厌一个国家的民族性，而去赞扬另一个国家，转而再去吹捧别的国家，直到我们同样讨厌它为止。每一个国家都是嘲笑的对象，这与五十步笑百步是同一道理。

"在别人眼中我们的样子"，就是我们在世人面前所扮演的角色，也可以说成是别人如何看待我们。如果进一步引申的话，还可以分为荣誉、地位和名望。

地位在普通民众眼中是很重要的，它也是支撑国家机器运转最为重要的一部分，就如同一部机器的齿轮。但在这里，我不想过多地谈论它。地位的作用无外乎对他人不切实际的吹捧，它具有纯粹的传统价值，即世俗的价值。在某种意义上，地位是华而不实的，它所获得的只不过是一种虚假的尊重，这就像一场闹剧，锣鼓喧天，却免不了流俗。

勋章就像支票，代表了普通民众的民意所向，它的价值是由发放人的信誉决定的。勋章还可以代替抚恤金，可以不用花费一文钱，从而为国家节省一大笔开支，这种安排可以说是最划算的。但也有一个前提条件，那就是勋章的颁发必须是目的明确且程序严格而公正的。普通民众除长了眼睛和耳朵外，就再没有其他什么东西可以作为评判的了。他们很难做到物尽其用，判断力和记忆力都差得可怜。很多时候，那些对国家做出特殊贡献的人以及他们的功绩，已经超出了普通民众的理解范围。即使有些功绩在某一段时间内受到了大众的关注和称赞，也不过如昙花一现，很快就被人们忘到脑后了。

所以我一直认为，用一枚十字架或者五角星的勋章来时时刻刻提醒人们“这个人和你们不一样，他是为国家做出突出贡献的人”是十分有必要的。但前提是，勋章的颁发必须是公平公正地、有选择性地发放，如果数量过多或用途模糊，就会失去勋章的价值。所以说，一个国家的元首在为功臣授勋时，一定要像商人在支票上签字一样小心谨慎。每一枚勋章上，都会镌刻一句纪念功绩的话语，虽然它显得老套而冗沉，但也都是在情理之中的。

荣誉与地位相比，问题要大很多，也更不好讨论。首先，我们要试着从给荣誉下定义开始。如果我为了达到某种目的，说荣誉是外在的良心，良心则是内在的荣誉，很多人都会对此深信不疑。但这种漂亮话抽象且空洞，并不能真正定义荣誉的本质。

荣誉，从客观上来看，是别人对我们价值的一个评价；从主观上来看，则是我们对别人评价的一种在意和重视。一个特别在意荣誉的人，即使荣誉本身并不能在道德层面有什么有益的作用，也会给他带来积极的影响。

当一个人还没有彻底堕落时，就会有很强的荣誉感和羞耻感，荣誉感在他们眼里具有极高的价值，他们会加倍珍惜。因为仅凭一个人的力量是很难做成什么事的，这就好比鲁滨孙流落荒岛一样。只有置身于社会群体当中，一个人的力量才能够最大限度地发挥出来，才能做更多的事情。随着认识的提高和社会意识的发展，人们渴望自己能成为社会中有用的一分子，能被社会所认可。成为一个有能力、有社会担当的人，并有资格享受这个群体中的各种福利和待遇。

一个人如果想成为对社会有用的成员，必须做到两件事：一是社会要求每个人都必须做到的事；二是要肩负起自己所处的特定的社会地位所赋予的责任和义务。也正因此，人们才会认识到，有些事情并不在于自己是否认为有用，而在于别人是否也认可。所以人们才会挖空心思渴望获得别人的好评，并乐此不疲。这种带有讨好性质的心态，源自人类天性中的弱点，自然且原始，是与生俱来的，我们称之为荣誉感和羞耻感。

一个人，只要感觉到自己受到了他人的非议，就会有很强的羞耻感。哪怕这非议是无中生有，也会令他面红耳赤。即使他所犯的错误只是相对的，是替别人承担的责任，他也会面露羞色，惴惴不安。这一切，都来源于对荣誉感和羞耻感的重视。在他们心里，没有什么比获得别人的好评更重要。确信别人对自己的喜欢和肯定，可以更大地增强一个人的生活勇气。别人对自己的认可，将意味着全社会的力量一起为自己提供了帮助和保护，这要比单打独斗更能让人鼓起勇气，来面对生活中的种种不幸与坎坷。

在这个社会中，一个人能够给他人带来帮助，总会得到他人的好评，并因此获得荣誉。人与人的关系最具有多样性。而在各种复杂的人际关系中，主要有三种类型最为普遍。首先是人与人之间的经济关系，其次是契约关系，最后是两性关系。人们通过以上三种关系来获得他人的好感，增加彼此的信任。由此对应而产生出不同的荣誉，分别为：公民荣誉、公职荣誉、两性荣誉。

其中，公民荣誉范围最广泛。它产生的前提条件是：我们会无条件地尊重他人的权利，并且绝不会使用任何不正当或违法的手段来牟取私利，这是人与人之间友好相处的必须条件。不管是谁，如果公开妨碍或严重违背这些交往的前提条件，都将会损害公民荣誉。

不管怎样，荣誉最根本的基础是确信一个人的道德品性不会轻易改变，所谓“江山易改本性难移”。一个人一旦失足，哪怕仅有一次，别人也会据此判断出此人的道德品质，确信他在相同的情况下会做出类似的行为。英语中的 character（品性）一词，就很好地表达了名誉、声望和荣誉的意思。

因此，荣誉一旦失去将很难找回。除非是因为误会而产生的不良后果，或是不了解情况造成的冤假错案，比如说当事人是被诽谤的，或者是被误解了。所以，法律据此规定，严格禁止造谣诽谤、诋毁别人，或是以各种污言秽语谩骂、侮辱他人人格。侮辱他人是一种肤浅的行为，希腊谚语中有一句话说得好：“侮辱是最肤浅的诽谤。”而现实中，人们并不能完全禁止这种行为的发生。

那些辱骂他人的人，往往用一些子虚乌有的东西做发酵剂，隐藏起现实生活中的真相。这样做只能证明他们并没有真正的理由来抱怨对方，否则，他们会把那些理由罗列出来，以便让围观的人群作出孰是孰非的判断。但他们却越过前提，采取谩骂的方式，自己取代大家直接作出了结论。尽管这些行为经不起时间的检验，他们仍然为自己的信口雌黄进行辩解，仍不忘为自己寻找借口。

公民荣誉看上去似乎主要存在于中产阶级中，但它实际上是没有区别地适用于任何阶级、任何人，包括那些处于社会金字塔顶层的人。公民荣誉是非常严肃的事情，没有人不需要它，也没有人能够藐视它。一个人如果失去了诚信，则意味着永远地失去了别人的信任。那么，无论他做什么，也不论他是谁，由此所带来的苦果，只能由他自己吞咽。

从某种意义上讲，与名望具有的正向性相比较，荣誉有一种消极负面的特征。人们并不会因为某个人具有某些特定的品质，就把他看作有“荣誉”的人。而是根据规则，必须具备某些众望所归的优秀品质，才可以称为一个有荣誉的人，这一标准对任何人都不例外。而名望必须经过努力争取才能获得，荣誉则不然，只要保持住，不让它丢失就可以了。

一个人没有名望，顶多也就是消极的或者是默默无闻的，并不会有别的负面影响。但是，如果一个人没有了荣誉，就会让人感到耻辱，这是肯定的。所以，我们千万不要把荣誉的负面性和被动性相混淆了。荣誉具有完全主动性的特征，直接来源于那些荣誉感极强的人群，与这些人的所作所为直接相关，而不与他人的行为或者外界的力量相关联。荣誉是主要存在于我们自身的东西，正是基于这一点，我们才可以清楚地看到，真正的荣誉和骑士精神的虚假荣誉完全不同。

没有荣誉感的人，往往通过造谣诽谤来从外部攻击那些具有荣誉感的人。而打破谣言唯一的好方法，就是公开驳倒造谣之人。在公众面前揭开造谣者丑陋的面具，让他无处可逃。

老年人之所以会受到尊重，大概是跟他们的年龄与人生阅历有关。他们的人生经历，足可以证明他们的行为是否已经守护了他们荣誉的清白。而年轻人虽然也拥有荣誉，但他们还年轻，还无法证明自己一生的清白。如果单纯地以年龄或者阅历，作为年轻人尊重老年人的理由，似乎是不充分的。因为很多动物虽然没有人类高级，却也可以达到一定的岁数，甚至有的寿命比人类还长。而所谓的阅历，也不过是对这个世界的变迁有更加深刻的理解罢了。

即便如此，这种对老年人的尊重仍然大受欢迎。那么，为什么整个世界都要求年轻人应该尊重老年人呢？老年人明明随着年岁的增长，身体各个器官越来越衰弱，他们需要的是年轻人更加体贴的照顾，而不是敬意。但令人惊叹的是，人们对于头发花白的长者，会自然而然地产生尊重，这种尊重是发自内心、出于本能的情感。皱纹也是老年人最真实的标志，但与白发相比，似乎并不能引起人们的尊重。你也许听到有人说过“令人敬重的白发”，却很难听到有人说“令人敬重的皱纹”。

荣誉的价值是间接的。正如我们前面解释过的一样，只有别人对我们的评论影响到我们的思想和态度时，或者是关系到我们与别人一起共事时，他们的看法才会有作用。在这个文明的社会，我们的生命和财产安全完全依赖于社会秩序，同时在工作中也需要别人给予帮助，伸出援手。反过来，别人也只有对我们产生了信任，才会和我们打交道。所以，别人对我们的看法很重要，虽然这种看法并没有什么直接的价值。

西塞罗的观点与我们的观点不谋而合，他说道："我特别赞同克里斯帕斯和第欧根尼谈到名望时所说的，'假如名望真的是徒有虚名，没有一点用处，那么我们根本不值得为此去费心劳神'。"而 18 世纪法国启蒙思想家、唯物主义哲学家爱尔维修在他的主要著作《论精神》一书中，也用了很长的篇幅详细地论述了这个道理。他说："我们之所以追求荣誉，并不是因为荣誉本身，而是喜欢享受由它给我们带来的好处。"既然手段并不比目的更重要，那么，"荣誉高于生命"也不过是一种言过其实的说法。

有关公民荣誉我们暂且说到这里。

公职荣誉，是大家对担任一定职务的人所具备的职位素质的一个评价。这个人不但符合所担任的职务要求具备的一切素质，而且不论在什么情况下，都能一丝不苟地履行他的职责。他所担负的职责越重要，在国家事务中发挥的作用越大，职位越高，产生的影响力就会越大。同时，人们对他的自控能力及道德要求的标准也就越高。因此，职位越高，获得的荣誉也就越多，这可以从他的头衔、勋章上看出来。特别是手下人的毕恭毕敬，更将这份荣誉体现得淋漓尽致。根据这个标准可以看出，人的社会地位决定了他的荣誉等级。一般情况下，人的官做得越大，他被授予的荣誉级别就越高。可惜那些普通百姓并不能深刻地认识到这一点，致使官位等级在反映荣誉程度方面大打折扣。实际上，那些担任特殊职务的人，要比普通大众享有更高的荣誉。而对那些普通百姓来说，荣誉是高不可攀的，能够平平淡淡不惹是生非就是最好的荣誉了。

关于公职荣誉，还有很多要求。一个担任公职的人，为了他的同事和继任者，必须要尽心尽力地去维护这个职位的尊严。要做到这一点，就要严格要求自己，忠于职守，克己奉公。一旦有人对他和他的职位进行不公正的攻击，认为他没有尽到职责，或者认为这个职务本身并不能给大家带来什么好处，那么他绝不能对造成这种不利影响的言论听之任之，一定要进行坚决的抵制和反击。对那些攻击政府没有很好地履行职责，没有为公众谋得福利的不正当言论，必要时可以通过法律手段加以严惩。

享有公职荣誉的人囊括各行各业，他们为国家的建设和发展做出贡献。其中就包括教育工作者、医生、法律工作者、科研人员和公务员。概括地说，就是具有某项专业技能并被官方承认拥有从业资格的人。这些人积极地从事着为公众服务的工作，他们都享有公职荣誉，其中也包括军人的荣誉。那些誓死保家卫国的军人们，具有崇高的品质。他们英勇善战，无私无畏，时刻准备着为国家的利益和荣誉贡献出自己的一切。只要国家的旗帜在这个世界上高高飘扬，即便是牺牲宝贵的生命，他们也会视死如归，毫不动摇。我们今天在这里所谈论的公职荣誉，在意义上要比平时宽泛一些。在正常情况下，公职荣誉就是普通大众对公职本身所怀有的一份敬意。

最后是两性荣誉。在两性荣誉中，如果要追根溯源，就有必要对两性荣誉的原则做一个细致的剖析和研究，从中得出结论，以证明所有的荣誉都是以实用为基础来考虑的。若是按照两性荣誉的天然属性来划分，可以分为女性荣誉和男性荣誉。并且从男女双方的角度来看，其宗旨都是“集体荣誉”。

在集体荣誉中，女性荣誉要更为重要一些。因为女性在生活中最突出的特点，就是与男性的关系。女性荣誉对一个未出嫁的女子的要求是纯洁；而对一个已婚妻子的要求则是忠贞。这种要求的重要性来源于下面的观点：女性将自己的一生都寄托在男人身上，她们渴望从男人那里得到自己想要的所有东西。而男人则相反，他们只在某一种关系的维系中才依赖女性，渴望从女性那里得到满足。因为男女之间这种互相依存的关系，男人承担起满足女性所有需求的责任，包括承担养育他们共同的子女的责任。对于全体女性来说，这种安排不啻一种福利。

女性要想获取这种福利，首先自己必须团结起来，以团队合作精神来体现集体荣誉的存在。本来男性就凭借天生的生理优势和智力优势，占有了世界上最好的资源。所以女性必须联合起来，形成一个对抗男性的统一战线，通过占有、征服男性，来获得男性占有的所有资源。也就是男人征服世界，女人则通过征服男人来赢得世界。

为了达到这一目的，全体女同胞应该自觉维护的荣誉准则就是：坚决拒绝婚外与其他男性发生性关系的行为。因为只有这样，才能向每一位男性施加压力，迫使他们向女性投降，使夫妻关系更加牢靠。只有这样，女性才能得到照顾，达到她们的目的。这种荣誉是所有女性的集体荣誉，所以大家必须精诚团结，互相监督，共同来维护这一准则的合理性。

任何女性破坏了这一准则，都将受到严厉的惩罚。那些没有结婚就与男人同居的女性，等于是背叛了所有的女同胞。她们的行为将给女性的权益带来耻辱和损害。而这样的女人作为丧失了女性荣誉的人，必将被人们所唾弃，没有人愿意与她们交往。她们将像局外人一样，被人们像躲避瘟疫一般避而远之。

奸妇更是逃不出这种厄运。作为破坏婚姻的女性，她们的通奸行为将导致男性不再心甘情愿地接受投降条约，更害怕在婚姻中作出承诺，这势必会损害所有女性的权益。而更加严重的后果是，通奸这种卑鄙下流的欺骗性行为，不仅让女性失去了个人名誉，还丢掉了公民荣誉。

人们可以原谅未婚女子的婚前同居，将她的耻辱影响降低到最小。因为与女孩同居的男人可以通过给她婚姻，来挽回女孩的名誉。人们却不会宽恕一个已婚女子犯下的错误，即使她能成功离婚，并与通奸的男子结为夫妻，仍不能换回她已经失去的清白。

如今，很多人都已经清醒地认识到了“集体荣誉”的重要性。它是所有女性荣誉的基础，是经过深思熟虑做出的全面而必要的安排，对保障女同胞的权益至关重要。但即便集体荣誉对于女性的生存十分重要，它的价值也不是绝对的，是无法超越生命本身的价值及生存的其他目标的。因此，也没有必要要求女性以生命做代价，来获得这种价值。

这样一来，那些古罗马传说中的贞节烈女们，也没什么值得我们鼓掌喝彩，为之称颂的了。反倒是她们那种夸张的行为，过激的反应，让整件事情演变成一出闹剧，让人心生厌烦。比如，莱辛创作的《艾米丽亚·伽洛蒂》，在结局中，那些无礼的东西，让人在离开剧院后仍然感到十分难受。但要是抛开女性荣誉，不去谈那些规则，《艾格蒙特》里的克拉拉，倒是值得我们同情的。

过度强调女性荣誉是人类的通病，这无疑是在舍本逐末。人们往往通过这种夸大其词的推崇，来证明女性荣誉的重要性。而事实却是，女性荣誉与其他任何荣誉相比，它的价值都是相对的。女性荣誉的实际价值，不过是符合传统习俗的规定罢了。这一点我们从托马斯的《论情妇》中不难发现。古往今来，无论哪一个国家，甚至可以追溯到马丁·路德的宗教改革，在法律上都是允许并承认男女之间不正当的同居关系的。而这也并不会损害男女双方的荣誉，更不用说发生在堕落之城——古巴比伦的米利塔神庙中的事了。当然，也有一些国家是不允许公民发生这种情况的，比如在天主教国家，除了正常的婚姻关系，婚外恋与离婚都是不被允许的。

在我看来，作为身份高贵的统治阶级，能把自己喜欢的女人当作情妇，而不是去接受门不当户不对的婚姻，这种做法似乎更符合道德常理。如果贵庶通婚，他们的后代作为合法继承人，无论出身贵贱，都可以在贵族死后提出继承权的要求。这样一来，有可能因为贵庶身份的悬殊而引发一场内部纷争。况且，这种门第悬殊的贵庶通婚，根本无视一切外在的礼节，甚至允许女人与神职人员结合，向他们做出妥协。而女人与神职人员，恰恰是我们应该警惕的，更不能轻易对他们做出让步，否则他们就会得寸进尺。

我们都知道，在一个国家里，每个男人都有权利选择一个女人作为他的妻子，共同走进婚姻的殿堂。但是，有一个人例外，这个可怜的被剥夺了选择权的人,就是这个国家的最高统治者——国王。国王是属于国家的，他无法按照自己的意愿去牵手人生，他的婚姻必须是以国家利益为基础缔结的。可是，国王毕竟也是有血有肉、有七情六欲的人，他也希望自己能够跟随内心的指引，选择喜欢的女人共度一生。所以，任何指责或试图阻止国王遵从内心的选择，与自己深爱的女人在一起的行为，都是狭隘而不公平的，是市井小人的行为。只要这个女人不干预国家大事，不做有损国家利益的事，从某种意义上来讲，她应该被接受。因为她占据了一个特殊的位置，是女性荣誉规则之外的特例，并不需要遵守女性荣誉的规定。她把自己交给了一个男人，他们彼此相爱，只因为这个男人是国王，不能给她一个明媒正娶的婚姻，所以，她只能以情妇的身份存在。可对相爱的两个人来说，这又有什么关系呢？能在一起就是最大的幸福。不过，在一般情况下，女性荣誉的原则并非源于自然，还有可能引发许多的流血牺牲。这其中就包括虐杀婴儿，或是母亲自尽。

一个女人因为信赖，而将自己的一生违背原则地交给了一个男人，首先，这种行为就是错误的。其次，她背弃了所有女性，虽然这种誓约只是彼此的心照不宣，并没有郑重的宣誓。而她自己的前途和福利也将因此受到直接的影响，从这一点来看，她的愚昧大于她的罪孽。

因为女性荣誉引发的相应的男性荣誉，也是男性的“集体荣誉”。男性的集体荣誉要求男人缔结了有利于对方的婚姻条约，承认双方的夫妻关系，那么就要保证这项条约能够切实有效地得到执行。既然男人为了婚姻条约放弃了一切，就应该享有独占这个女人的基本权利。因此，男性荣誉要求男人在应对妻子的背叛行为时，一定不要心软，要严厉对待，至少也要通过离婚这种手段来惩罚她。如果他容忍了妻子的背叛，就会被男性同胞所嘲讽。但是，这种耻辱与女性失去名誉相比，不过是一个微小的瑕疵，并非不堪忍受。在男人众多重要的社会关系中，与女人的关系不过是其中并不主要的一项。在近代，有两位伟大的戏剧诗人曾分别以男性荣誉作为他们作品的主题，其中有莎士比亚的《奥赛罗》《冬天的故事》和卡尔德隆的《医生的荣誉》《对秘密侮辱的秘密报复》。但是，男性荣誉最终要求的只是惩罚女人一个人，而不包括她的情夫。这也充分证明了男性荣誉是源自男性的团队精神和集体荣誉感。

据我考证，荣誉的种类和起源，以各种形式和原则存在于各个国家的各个时代，具有普遍的效应。其中，女性荣誉在历史的发展中，经过不同时期不同地域的调整，其原则已经得到了很多修改。

此外，还有一种荣誉与上面提到的荣誉完全不同。希腊人和罗马人对此都没有什么概念，一种源于基督教的荣誉，而且它只存在于非常小众的一部分人当中。即只存在于社会上层人群或是那些效仿、攀附他们的人群当中，这就是骑士荣誉。骑士荣誉的原则与我目前所说过的任何一种荣誉原则都不相同，甚至在某些方面还截然相反。骑士荣誉培养出的是“荣誉人士”，而其他荣誉造就的却是追求荣誉感觉的所谓正人君子。因此，我在接下来的论述里，将把骑士荣誉的原则罗列出来，它们是骑士荣誉的风骨和内涵。

首先，骑士荣誉并不以他人对我们的评判作为价值准则，而在于他人是否作出了他们的评判。不管评判的真实想法是什么，都无关紧要，更不要去计较他们的看法是否有据可查。

也许别人对我们的所作所为会有微词或不好的看法，甚至对我们表示出轻蔑，但是，只要他们不敢表达出来，对我们的荣誉就不会产生危害。反过来，假如我们以自己的行为和品质强行要求别人对我们恭敬有加，强迫别人对我们高度的尊敬（这一切并不取决于他人的主观意志），只要有人——不管这个人是多么的卑鄙、多么的愚蠢——只要他公然贬低我们，我们的荣誉就将受到极大的破坏。如果我们不能及时积极地补救修复，那么我们有可能会永远地失去荣誉。

由此可见，对骑士荣誉来说，最关键的并不在于别人心里怎么想，而是取决于这种想法的表达方式。对此，我们可以拿出最明显的例证：假如一个人及时地撤销对我们的恶意攻击，并向我们表达了诚挚的歉意，那么我们完全可以当这件事没有发生过。至于这种恶意是否已经得到修正，以及为什么会突然改变，都是无须再深究的了。只要这种恶意中伤当着大家的面收回，这件事就算了结了。骑士荣誉的原则不是教我们费劲巴力去赢得别人的尊重，而是教导我们要坚决捍卫自己的尊严。

骑士荣誉并不是取决于你做了什么，而是取决于别人对你做了什么，在你身上发生了什么，你遭受了什么样的磨难和阻碍。如果之前我们讨论的种种荣誉都取决于我们的言行，那么骑士荣誉恰恰相反，它依赖于别人，任何人的言行都有可能击毁这份荣誉。

骑士荣誉掌握在别人的手里，掌握在那些喜欢搬弄是非的人的舌尖上。只要受到攻击，这份荣誉可能在片刻之间就灰飞烟灭。除非受到攻击的骑士能用我下面讲到的补救方式，重新夺回荣誉。但那样做，极有可能危及骑士的生命、健康、自由、财富及内心的祥和。

由此可知，即使一个骑士的所作所为是高尚无私的，他的心灵是至真至纯的，他的头脑是健全理智的，一旦受到他人的攻击，他的荣誉就会受到损害甚至失去。哪怕这个攻击者是一个无耻的流氓，或者是一个愚蠢至极的傻瓜、懒汉，甚或一文不名的赌棍、流浪汉，总之是一个不值一提的无赖之人，只要公然侮辱他，荣誉就会丧失。就像塞涅卡所说的：“越是卑鄙的无耻之徒，越喜欢无事生非。”这样的人最容易被别人煽动利用，去侮辱那些品德高尚的人。因为物以类聚、人以群分，不同层次的人是无法和平相处的。那些人品卑劣的人是见不得别人的优秀的，别人杰出的才华、卓越的贡献只会让他们心生嫉妒，让他们产生狭隘的愤怒。对此，歌德在《西东合集》里做了正确的阐述：

为什么要抱怨你的敌人？

你难道想和他们做朋友吗？

你的存在，

就已经在暗示对他们的指责了。

我发现，那些品德低劣的人最应该感谢骑士荣誉的原则。因为骑士荣誉这种“别人怎么表达才是最重要”的原则，缩小了平庸之人与才华卓越的人之间的差距。如果一个无耻之徒习惯了侮辱他人，并攻击别人品德有问题，那么这种诋毁就如具有法律效力的宣判，马上就会获得效果。如果被骂了还无动于衷，不能立刻雪耻，洗刷骂名，那么这种谩骂将会成为真实存在的，并永远伴随着受辱之人。即使被攻击的人是无辜的，只要容忍了这种侮辱，那么在所有上层人的圈子里，他就是别人攻击诬陷的目标，所有有身份的人都将与他断绝来往。在以前同伴鄙视的目光中，他将像得了传染病一般被人躲避，甚至公开拒绝他参加任何社交活动。

我想，之所以会产生上述现象，其源头完全可以追溯到中世纪至 15 世纪。在那个时期的刑事诉讼中，举证的责任不在原告，而是完全由被告找出证据来证明自己的清白。在整个自辩过程中，被告必须发誓说明自己无罪。而且被告还要找到支持并相信他是清白的担保人，这个担保人要出面担保他没有撒谎或提供伪证。

假如被告找不到愿意担保他的人，或者原告不认可被告所找的这些担保人，那么只能将审判交给上帝了，而这将意味着一场决斗。因为被告已经失去了体面，蒙受了羞辱，所以他必须以决斗的方式来洗刷自己的冤屈，证明自己的清白。从这里，我们可以找到“蒙受耻辱”一词的来龙去脉。即便今天，这种事还在“荣誉人士”中间流行着，也就是那些所谓的“体面的人”进行决斗的体系源头。只是现在忽略了发誓这一环节。

因此，我们也可以在这里顺便解释一下，那些荣誉人士为什么会因为受到攻击而怒不可遏。在他们看来，带有欺骗性的攻击，谎话连篇，必须要以决斗的方式用鲜血来洗刷。其实，现实生活中，谎话随处可见，而通过决斗的方式来复仇就显得罕见和过激了。但是，在英格兰，这种复仇的方式已然成为一种根深蒂固的迷信。事实上，一个扬言要惩治那些说谎者的骑士，在他行动之前，一定要做好思想准备，那就是他自己应当做到终生不会说谎。

在中世纪的刑事犯罪审判中，形式更为简洁。一旦被告在控诉中指出原告在说谎，那么剩下的事就交给上帝来裁判了。因此，在《德国历史与刑罚文集》里有这样一段话：“根据骑士荣誉法则，一旦骑士受到谎言的指责，必须立刻诉诸武力。”

关于侮辱，我们在这里就讲这些。

不过，还有比谎言侮辱更令人愤怒、厌恶的事情，虽然我只是按照骑士荣誉的原则在法典中提到过它，但在此必须请求那些体面的人予以原谅。因为我知道，光是想到它，他们就会怒火中烧，那简直是世界上最恶毒、最坑害人的事，甚至比死亡和下地狱还要令人毛骨悚然。那就是一个人出手给另一个人一记耳光，或者进行暴力殴打。这种恐怖可怕的行为，会给荣誉造成致命的杀伤力。如果说其他形式的侮辱还能够通过流血决斗的方式来洗刷，而这种情况下，为了捍卫荣誉，只能以命相搏。只有将对手置于死地，才能恢复自己的荣誉。

实际上，骑士荣誉与一个人的言谈举止没有任何关系，与他的思想品质是否会有所转变等一系列学究式的问题也没有丝毫牵连。如果荣誉受到侮辱，令人颜面扫地，那么，避免失去荣誉的最好方法就是迅速地提出决斗，以这种流血的方式恢复荣誉。

不过，假如冒犯之人并不是信奉骑士荣誉的一类人，或者只是不小心第一次触犯骑士荣誉法则，那么，不论他的冒犯是辱骂还是殴打，我们都可以以一种最妥当的方式来回应。如果我们恰好有武器在手，就完全可以在当时或者稍后的时间里将其制服，这样就可以完好地捍卫我们的荣誉了。

当然，如果你不希望以这种极端的方式来解决麻烦，或者不能确定冒犯之人是否接受并认可骑士荣誉法则，那么，还可以换另一种方式。这种方式就是以其人之道还治其人之身。这是挽回荣誉的最好办法。比如，对方打了你一记耳光，你可以还他一顿棍棒；如果他给了你一棍子，你就要用马鞭抽打他；假如对方用马鞭抽打你，你还可以按照当时的风俗礼仪朝他脸上吐口水，这也被认为是最上策的还击。只有当所有的办法都失效时，流血决斗才会不可避免地登场。关于这些方法，在后面的格言中都会有所交代。

再者，之所以要用以上方法来雪耻，是因为受到别人的侮辱是一种耻辱，它会令人颜面扫地，抬不起头来，只有进行反击，我们才会重新赢得荣誉。比如，真理、正义和理智都在对手那边，我们去侮辱他，那么，荣誉就会离他而去，正义和真理就会站到我们这边。他只有通过武力的方式，而不是用真理或理性来为自己辩解，只能用武力，重新将一切夺回去。由此可见，在荣誉的争夺中，粗野未尝不是一种手段。它完全可以取代其他任何方式，甚至超越其他形式，因为粗野的人永远是最正确的。

毋庸置疑，一个集愚蠢、卑鄙、粗俗于一身的人，只要他够粗野无礼，那么这些不好的品德都会得到宽恕并且变得合情合理。假使有人在讨论或者谈话中，显示出比我们更知识渊博、比我们更崇尚真理、比我们更清醒理智等优秀卓越的精神品质。那么，我们在相形见绌之下，只需辱骂他，以一种撒野的方式来侮辱他，就可以抹杀他所有的优势，并掩盖我们的劣势，从而让我们变得比他更优秀。因为野蛮无礼可以战胜任何辩论，让理智失去光芒。如果对手对于我们粗鲁的攻击根本不做回应，或是以更有素质的方式来回应，我们就可以要求同他们进行决斗。如此一来，我们仍是胜利者，荣誉最终还是会归我们所有。在野蛮粗鄙面前，真理、知识、思想、智慧、精神等都只能通通缴械投降。

所以，一旦有人对所谓的“荣誉人士”发表看法，而这个看法恰巧触犯了“荣誉人士”的自尊，或者展现了比“荣誉人士”更胜一筹的智商，他们就会立刻恼羞成怒，甚至跨上战马准备还击。如果他们在激烈的辩论中无法应对，处于下风，就会以粗野的方式找出他们随身携带的装备，以武力来夺取胜利。

由此可以看出，那些称赞骑士荣誉原则促进了社会发展，使其格调变得更为高尚的人，是多么的正确。今天看来，他们显然是对的。不过，这里谈论的法则又以下面要讲到的为基础，那些才是真正的基本原则，是全部法则的精髓。

在信奉骑士荣誉的人看来，能够唤醒人与人之间对于荣誉的衡量标准这件事上，有可能产生的任何分歧，都应该靠我们自身的力量来解决，即连动物都具有的打架的本能。只有诉诸武力，才能分出谁是谁非。武力这种粗野行径的本身就已经说明了：在冲突来临之时，理智的力量和道德的觉醒已经毫无用处，所有冲突最后必须依靠武力才能得以解决。

富兰克林曾把人类这个高级物种界定为“会制造工具的动物”，人类也由此制造出了属于自己的武器，并在各种争夺战争中发挥了其不可替代的作用，武力仲裁也成了人尽皆知的最有效的法则。强权即公理，它就像愚蠢即智慧一样，具有极大的讽刺意味。如果按照这一原则，我们可以把骑士荣誉称为强权的荣誉。

最后，我们对上文做一个小结。我们已经很谨慎地发现了公民荣誉的三个特征。其一是在处理人与人之间的利益关系上十分谨慎小心；其二是重视责任和义务；其三是遵守诺言，信守承诺。相比之下，骑士荣誉在处理人际关系时，则显示了最大限度的宽容与豁达。在公民的所有荣誉中，只有誓言是不能背叛的，这就是人们常说的“以我的名誉做担保”。

由此可知，只要不破坏以荣誉为名说出的誓言，其他的承诺都可以置之不理。甚至在万不得已之时，还可以推翻以荣誉之名许下的承诺，通过决斗这种万能的形式，就能挽回荣誉。即便决斗的另一方，是那个已经说过了荣誉誓言的人。除此之外，这个世上只有一种债，我们绝对不能欠，那就是赌债。正因为不能拖欠，它也被称为“荣誉之债”。至于别的债务，人们尽可以互相推诿，互相抵赖，这丝毫影响不到骑士荣誉。

聪明的读者不难发现，骑士荣誉这种怪诞而野蛮的荣誉法则，并不是来源于人类的天性，也不是在健康、理智的人生价值观当中产生的。它的作用范围极其狭窄，只在中世纪的欧洲才盛行。并且只存在于上层社会、官员、军人及那些吹捧效仿他们的人当中。

有关骑士荣誉法则，不但希腊人和罗马人一无所知，就连高度文明的亚洲人，从古至今也都对这种荣誉法则完全不了解。除了我在文章开头所讲的那些荣誉之外，他们不了解其他的荣誉。他们关注的是身边熟悉的人的所作所为，而非那些喜欢在别人面前搬弄是非、说三道四的人。在他们看来，一个人的所作所为只能损害他自己的荣誉，不会给别人的荣誉带来丝毫的影响。对他们来说，打架就是打架，换作马匹或驴子，也许会踢得更重。而在特殊环境下与人发生斗殴，可能会令愤怒的一方立刻想到报复。但是，这一切都与荣誉无关。没有人会拿着账本在那里记录殴打的动作或者谩骂的言语，更不会有人对是否已经得到了报复后的满足抓住不放。在个人勇气和视死如归方面，这些民族也绝不会输给欧洲基督教国家所谓的骑士。

希腊人与古罗马人都可谓是英雄，但他们却对狭隘的骑士荣誉毫不知情。在他们看来，决斗并不是上层社会的贵族所为，而是角斗士、奴隶和罪犯在竞技场上与野兽互相追逐，以满足大家的好奇心，供人取乐的厮杀搏斗。后来，直到基督教传入古罗马，这种犹如斗兽般的竞技表演才被废止，取而代之的是以上帝名义来评判纷争的决斗。如果说角斗士的表演，是为了满足大众愚昧狂热的嗜血欲望而做出的残酷牺牲的话，那么决斗，就是因为大众偏执而荒谬的言行付出的残忍代价。但是，在决斗中牺牲的不是罪犯、奴隶，也不是囚徒，而是那些贵族和拥有自由的人们。

现今保存完好的大量资料，为我们提供了古人的性格特点，他们完全不受任何偏见的影响。比如，条顿民族的酋长，他曾向古罗马的统帅马略提出决斗的挑衅。马略这样答复酋长："如果您嫌自己活得太久了，那您大可以去选择上吊自尽。"不过，后来马略还是赠送给酋长一名退役的经验丰富的角斗士，陪酋长进行搏杀。

希腊作家普鲁塔克在书中曾写到，尤利比亚德斯在做舰队司令时与忒弥斯托克利争吵，曾举起棍子要打他。但是，忒弥斯托克利并没有拔出他的佩剑，反而说："你随便打，但必须得让我把话说完。"如果你是一个有着骑士荣誉情结的读者，读到这里一定会心生愤恨。忒弥斯托克利受到羞辱却没有拔剑相向，而那些雅典的军官团中竟然没有一个人拒绝继续为他服务。所以一个法国当代作家说，如果有人声称德摩斯梯尼是个爱慕虚荣的人，那么他的无知将会引来大家同情的微笑。西塞罗也不是追求骑士荣誉、顾全体面的人。

哲学家柏拉图在他的《法律篇》中详尽地谈到了攻击，书中清楚地描述，古人在对待这类事情时，并没有以所谓的骑士荣誉感进行报复的心理。还有苏格拉底，他好与人争论，并常常在争论中被人恶意攻击，可他都能容忍下来。有一次，他被人踢了一脚，可他并没有发作，而是依然谈笑自如。苏格拉底的容忍度令朋友们感到惊讶，他却说："如果是一头蠢驴撞了我，我也要去抱怨它吗？"还有一次，别人问他，那个人是不是在挖苦羞辱他。苏格拉底回答说，不是，因为那个人说的与他的情况不相符。

斯托拜乌在《穆索尼乌斯》中留下了一段很长的文字，我们可以从中看清古人是怎么对待侮辱这件事的。他们除了依赖法庭、诉诸法律之外，对其余的化解方式一无所知。而那些聪明之人对这种解决方法，根本就不屑一顾。柏拉图在他的《高尔吉亚篇》中，对古人遭到羞辱时的做法做了详细的描述，如果有人扇他们耳光，他们并不会要求对方赔礼道歉，而是直接诉诸法律来讨回公道。对此，苏格拉底也在文章中发表了自己的看法。《吉里斯的报道》中也描述过同样的情形：有一个叫卢西斯・维拉图斯的罗马人，非常喜欢恶作剧。他在大街上遇到公民，什么也不说，上去就给人一巴掌。为了避免这种毫无理由的行为在日后有什么法律上的纠纷，他让一个奴隶背着钱袋子跟在他身边，随时随地向那些目瞪口呆的人们发放法定的赔偿费用。

一次，著名的犬儒派哲学家克拉特斯挨了音乐家尼科德罗莫斯一耳光，脸立刻肿胀起来。他没有立刻反击复仇，而是在额头上贴了一个标签，写着“尼科德罗莫斯之作”。这样一来，反倒让那位音乐家丢了脸面。因为他竟然对一位全雅典人民都尊崇备至的哲学大师做了一件如此野蛮粗暴的事情。

锡诺普的第欧根尼在写给美莱西普斯的一封信中说，他曾被一帮喝醉了酒的雅典小青年殴打。不过他随后补充说，自己不觉得这是什么大不了的事。

塞涅卡在他的《智者的坚持》一书中，从第十章到最后，详细地描绘了智者是如何对待他人的侮辱的。而真正的智者，是根本不会去在意这些的。在第十四章中他写道：“如果一个智者被人攻击后，应该怎么去做呢？当有人打了卡图一耳光时，他没有发火，也没有因为受到了侮辱而反唇相讥，拳脚相向，更没有表现出原谅，只是对别人说压根儿就没有发生过这样的事。”

“好吧，你说的正确。”你们会这样说，“但是，他们可都是充满智慧的哲学家啊。”那你们是什么呢？蠢蛋吗？可以这样理解。

由此可知，古人对骑士荣誉法则是全然无知的，他们以简单、自然的方式，公正无私地处理着生活中的各种事务。所以，他们不会在意任何能带来邪恶和灾难的闹剧，不会被它所影响。被打了一记耳光，只是一记耳光，不过是身体上受到一些轻微的损伤，并无大碍。

但在现代，人们却将它放大成洪水猛兽般的灾难，甚至将其炒作成悲剧的主题。比如，17 世纪上半叶法国古典主义戏剧奠基人高乃依的《熙德》；德国最新一部关于中产阶级生活的戏剧《环境的力量》，而在我看来，应该叫《偏见的力量》更为合适。假如说是一名法国的国会议员挨了一记耳光，那么这个耳光的声音将响彻整个欧洲，会沸沸扬扬，尽人皆知。

现代这些信奉“骑士荣誉”的“上层人士”，看到我举例谈论古人面对羞辱时的高风亮节，一定会露出不屑和不满，认为那些都是不合时宜的。因此，作为一种补救措施，我决定在这里向大家推荐法国大师级人物狄德罗著作《宿命论者雅克》里的德士葛兰慈。德士葛兰慈先生的故事，可以称为现代骑士荣誉的优秀典范，他会令那些“上层人士”精神振奋，并从中受到启发，找到乐趣。

从上面所举的例子，我们不难看出，骑士荣誉的法则绝不是出自人类自然的天性和本质，它是一个人为的产物，所以它的根源也并不难寻找。很显然，在备受人们尊崇赞扬的中世纪——那个特定的时代，人们喜欢用武力解决一切问题，而不是用脑子去思考。人们的思想和理智被骑士荣誉的法则所束缚，将一切都交给眷顾他们的上帝，并接受上帝的评判。当有疑难案件发生时，都交由神来判决，于是，用决斗解决问题的方式就毫无疑问地诞生了。决斗不单单是贵族骑士们解决问题的方式，很多普通市民也喜欢用这种方式来解决纠纷。在莎士比亚的《亨利六世》第二部分第二幕第三场中就能很形象地加以证实。每一位骑士在接受审判后，都可以要求上诉至更高一级的法庭——即上帝的审判，而最终都会诉诸武力。这种连动物都具有的生理上的力量取代了理性，被请上裁判席。而这种裁决的根据并不是一个人的所作所为是否正义，而是由决斗中对手力量的强弱来决定的。就是在现代，这种骑士荣誉法则仍然流行。

假如现在还有人对决斗的真正来源产生怀疑，那么，我建议他可以去读一读莫林根的著作《西方决斗史》。即便今天，在支持骑士荣誉法则的人群中，仍然有很多人是没受过什么教育，做事偏执而没有头脑的。他们依然把决斗的结果当成神的裁决，这毫无疑问是对传统看法的墨守成规。

如果暂且抛开骑士荣誉法则的起源不去探究，那么骑士荣誉本身则是倾向于用暴力手段强行获得别人表面上的尊重。而那种在现实中通过努力获得别人尊重的行为，在他们看来是徒劳而多余的。这就像人们希望屋子能够暖和起来而只用手去握住温度计的水银球，使其加热，然后满足地看着水银柱升高一样。

我们要想发现事情的关键，就要做进一步的考察。我们会发现：公民荣誉旨在人与人之间的和平交往，在别人的心里我们是值得信赖的，因为我们无条件地尊重了他们的权益。而骑士荣誉则恰恰相反，它的宗旨是让他人对我们产生敬畏，让别人感到，我们会不计一切代价捍卫自己的权益。

与人类的诚信缺失相比，骑士荣誉中的让别人对自己产生敬畏似乎并没有什么不对。如果我们生活在一种自然状态中，每个人都必须保护好自己，必须直接捍卫自己的权益，那么，所谓的人类的正直的确是不值得我们信任的。也正因此，人们觉得建立社会公平毫无用处，也是不正确的。但是，人们生活在文明社会，一切就完全不同了。国家承担了保护我们人身安全和财产安全的责任，骑士荣誉法则就再无用武之地了。它们就像旧时代的城堡和瞭望塔，孤独地站在时光的隧道旁，而取代它们的，是长满庄稼的碧绿田野、车水马龙的道路，及飞速发展的铁路。骑士荣誉法则可能在某个时期是正确的，但如今，只能成为从那个用拳头代替一切真理的年代遗留下来的废弃物。

现在还坚持骑士荣誉法则的人，也只能在与人发生口角一类的小案件时让其发挥作用。因为这类案件根据国家法律要求，通常只需处以轻微的惩罚或按照“法律不管琐事”的原则无须处罚，这就使它毫无意义可言。实际上，这种攻击可能只是一种行为上的侮辱，或者有时干脆就是一出闹剧。

骑士荣誉在面对这些芝麻小事时，却常常小题大做。往往将其与人的本性相关联，夸大了个人的价值，甚至上升到一种神圣的地位，这与人的天性、体能和命运完全不符。如此看来，国家对骑士这些攻击行为的处罚力度远远不够，于是，被冒犯者只好自己亲自上阵，为民除害。

很明显，骑士荣誉的拥护者由于偏执鲁莽和骄纵的自尊心过度膨胀，完全忘记了人的真实本性是什么，他们不允许自己受到任何冒犯和指责。那些试图通过武力去实现这个主张的人，他们的行为准则就是“谁侮辱我或者动手打我，那他就死定了”。实际上，这种自大愚蠢的人，才最该被人们驱逐出他们的国家。可现实中，人们常常对这种狂妄野蛮的行径，采取姑息养奸、视而不见的态度。如果两个不怕死的人狭路相逢，又谁都不肯让步，那么原本是微不足道的摩擦就会演变成破口大骂，乃至拳脚相加，以死相拼。甚至有些人干脆省去中间环节，直接进入最后的步骤——兵戈相见。这种怪诞的处理方式，已经形成了一种专门的模式，一套死板且迂腐的制度体系，这体系有世界上最严格的程序，就像一出以庄严膜拜愚昧的闹剧。

如果两个愚蠢的人在某些小事上，意见无法统一（重大的事件还是需要由法律来解决），那么其中比较聪明的人一定会作出让步，允许各自保留意见。关于这一点，我们完全可以从普通民众的现实生活中找到依据。他们并不认可骑士荣誉法则，所以他们在争端中会以正常的方式来解决。在这些人当中，动用武力杀人的概率是那些忠于骑士荣誉法则的人的1%，甚至都占不到整个社会的1‰。那些信奉普世原则的人，甚至连动手都不会。

可是有人却说，和谐社会的良好习惯和淳朴民风，都源于骑士荣誉法则。因为骑士荣誉的决斗法则，已然成了对抗粗鲁野蛮行径的堡垒。但是，在雅典、科林斯及罗马，我们可以感受到淳朴的民风，看到良好的社会风气和优雅的社交氛围。而这一切，并没有依赖骑士荣誉法则——这个看上去如稻草人一般的小丑。在过去，女性在社交场合并没有像我们现在这样的社会地位。但现在，她们的很多谈话内容都毫无意义，而且排斥一切有意义的严肃话题。这一改变，必然会促使我们在众多的品德中更推崇个人勇气。而事实上，个人勇气并非重要的美德，它不过是普通军人所具有的素质。这一点，就连低级的动物都比人类优秀得多。否则，人们怎么会说“这个人勇猛如狮”呢。

但实际上，骑士荣誉法则并没有给人们带来勇猛如狮般的气魄，反倒是成了人类各种丑陋恶习的庇护所。大的方面如品行恶劣、不忠不孝，小的方面如行为粗鲁、蛮横无理。人们因为惧怕这种恶劣的行为给自己带来麻烦和灾祸，所以常常选择沉默不语，而不愿冒着危险去纠正它们。

通过这些我们可以看到，与此完全相同的，都是那些在政治和财政记录方面最没有信誉的国家，在这里，血腥的决斗体系被人们热情地推崇到了无以复加的地步。至于这个国家的人民生活如何，我们可以向那些对这方面有经验的人讨教。而这个国家也会因为缺少礼教、没有文化修养而被人耻笑。

所以，那些关于骑士荣誉法则的借口是站不住脚的。最有说服力的例子就是：当你对一只狗咆哮时，它也会对你咆哮；而当你抚摸它时，它就会对你摇尾乞怜。用敌意回应敌意，对别人的侮辱、轻视表示憎恶和愤恨，这几乎是人类与生俱来的本性。正如西塞罗描述的那样："侮辱给人带来的伤害，即使是最明智、最善良的人也无法忍受。"或许除了某些信仰宗教的人外，世界上再不会有谁可以坦然接受侮辱和殴打。在一般情况下，人的本性会让人在被侮辱殴打时，做出相应的反击，但绝不会对指责我们撒谎、愚蠢、胆小的人大动干戈。在古老的德国有一条不成文的法则："凡羞辱必须用匕首来偿还。"这实际上是源自中世纪那些蒙受羞辱的骑士偏执的看法。在任何情况下，对来自别人的侮辱进行反驳，都是出于人在愤怒时的自然行为，而绝不是那些骑士荣誉法则的拥护者们所信奉的荣誉和道义使然。

其实，我们可以肯定的是，别人指责我们的话语对我们造成的伤害的大小，完全取决于这些话语击中我们的程度。只要别人击中了我们的软肋，哪怕只是一个轻描淡写的暗示，都要比那种看上去十分严苛，却毫无根据的指责所带来的伤害更严重。由此，我们可以得出结论：如果别人对我们的指责驴唇不对马嘴，我们完全可以充满自信的不屑一顾。但是，骑士荣誉法则却要求我们具备一定的敏感性，对那些不具备实际意义的侮辱要以流血的代价加以报复。事实上，一个人如果不惜一切代价去阻止别人口头上的冒犯，那么，这个人肯定对自己的价值缺少认识和自信。一个懂得欣赏自我价值的人，在面对别人的诋毁和侮辱时，会坦然自若。即使做不到真正的置若罔闻，他们也会仰仗自身的机智和修养来掩盖愤怒，保全自己的面子。

假如我们能够消除对骑士荣誉法则的痴迷，在受到侮辱时不再感觉被侮辱，不再想针锋相对，也不再认为以侮辱回敬侮辱就能换回自己的荣誉；假如我们能够阻止人们不再错误地认为用武力维护自己的荣誉是正当的，对待不公正就应该拳脚相加，以死相逼，并堂而皇之地将这些行为合法化，假如我们能够做到这些，那么人们很快就能接受这样一种观念："在由轻蔑、侮辱引发的纠纷中，虽败犹荣。"正如意大利新古典派诗人文森佐·蒙蒂所讲的那样："恶语相向就如教会里的游行，终究会回到原点。"如果人们真能够这样看待侮辱，那我们就再也不用睚眦必报地证明自己的正确性了。不过可惜的是，直到现在，我们还不得不先考虑我们所说的话，会不会戳到那些狭隘而自私的蠢蛋的痛处。因为哪怕是一点点的刺激，都会让他们愤怒并失去理智，变得歇斯底里。而那些头脑聪明、有涵养的人，不得不与那些思想狭隘、行为愚蠢的人展开周旋，就好比赌博游戏中的暗中较量。

可见，只要一切都能理性地处理，在社会活动中，思想和智慧才能获得优越的地位，并拥有主导权。只可惜直到现在，拥有社会主导权的仍然是那些依靠蛮力逞匹夫之勇的人，即便人们对此总是遮掩，却无法否认这个事实。如果一切真能改变，那么，那些优秀杰出的人士就再不用以各种理由逃避社会活动了。这样一来，就可以真正成为世风良好，民众有教养、有礼貌的和谐国家了。就像雅典、科林斯、罗马曾经的繁华盛世一样。如果有人对我所说的这一切产生了兴趣，那么我建议他去读一读古希腊作家、历史学家色诺芬的《会饮篇》。

但那些维护骑士荣誉法则并最终为其辩护的人则认为，要是这样的话，一个人就不能随便殴打另一个人了。对此，在这里我做一个简单的回答：在一个社会当中，1000 个人里会有 999 个人不认可骑士荣誉法则。即使他们挨了打，也不会对打他的人采取什么过激的报复行为。但那些骑士荣誉法则的拥护者则不然，他们若挨了打，会想要置人于死地。对这个问题，我还要做进一步的深入探讨。

现实社会中，有很大一部分人都有着根深蒂固的观念，即挨打是一件很严重的事情。为了能更好地解释这一观念，我试图找出一些能站得住脚的，哪怕是极其微小的依据，或者仅仅限于华而不实的说辞，可最终都是徒劳的。因为不论是人类自然天性中的动物性，还是后天发展中形成的理性，都无法实现这一愿望。

其实，挨打不过是一个身体强壮的人对另一个体力不如他的，或者当时毫无防范的人造成的一次肉体上的伤害。除此之外，没有其他更好的解释。

我见过这样一位骑士，别人打他一拳，他会认为是受了奇耻大辱，绝不可饶恕；而他的马不小心踢了他一脚，这一脚要比那一拳痛苦10倍，可他却忍着疼痛，一瘸一拐地离开了，并对周围的人信誓旦旦地表示，这一脚没什么大不了，不算什么事。由此我想到，原来问题的关键在于人的手，那才是伤害的源头。而这位骑士可能在战斗中被同一只手砍伤，还向人们保证，那些伤都不足挂齿。我甚至听说，被马刀的刀面拍打，要好过挨棍子的敲击。前不久，有军校的学员在接受惩罚时，宁愿被马刀拍打，也不愿意挨一顿棍棒。据我所知，这是因为只有被授予了骑士称号的人，才有资格被马刀的刀面轻拍肩头，对他们来说，这简直是最值得炫耀的荣誉。

以上就是我对骑士荣誉法则从心理上和道德层面做出的考察。除证明骑士荣誉法则是一个古老而过时的信仰外，它还根深蒂固地存在于一些人的思想偏见里。由此可见，传统的力量是多么的强大。有一个众所周知的事例可以证明这一点，那就是在古代中国，杖责作为一种惩罚手段，在老百姓中司空见惯，甚至朝廷的各级官员也避免不了。这个事例告诉我们，即使在高度文明的国家，也不会主张骑士荣誉法则。

假如我们没有任何偏见，不戴任何有色眼镜看待人类的天性，就可以发现，打架斗殴不过是人的天性使然。这就犹如撕咬是野兽的天性，推撞是带角动物的本能一样，人类不过是会使用武器打架的动物罢了。

所以，当我们得知一个人用嘴咬了另一个人时会很震惊。而当一个人动手打了别人因此遭到报复，我们会认为这是很自然的事。

如果冲突中当事双方都是接受过良好教育的人，他们自身的修养就能让他们保持克制，从而避免兵戈相见。但是，如果有人恶意蒙蔽一个国家或一个民族，告诉他们挨打是一件可怕而又丢人的奇耻大辱，那么，必将会引发一场你死我活的流血战争，这将是非常残酷的事情。

世界上已经发生了太多的灾难，如果我们再人为地凭空制造一些虚幻的不幸，恐怕就真的成了灾难。而这些，毫无疑问地都来源于那愚昧又邪恶的迷信思想。

也正基于此，政府和立法机关试图在军队和民众中废除体罚这种做法，我认为是有欠考虑，是不明智的。他们以为这样做是在维护民众的利益，却不了解这不过是南辕北辙的一厢情愿。如果废除体罚，只会增强违反自然常理，愚昧无知的迷信思想，而人们已经为此做出了太多的牺牲。在所有的违法行为中，除个别最严重的案例外，人们首先能想到的，就是给犯人一顿毒打。对那些不讲道理的人实施暴力，似乎是合乎自然常理的行为。对待那些身无分文、交不起罚金又需要参加劳动、不能被关进监狱剥夺其自由的罪犯，体罚不失为最好的手段。

如果一个人没有什么更好的理由来进行反驳，那么只剩叫嚣“人类的尊严”了。但支持这种说辞的，也并不是什么清晰的概念，不过就是我们前面一直在说的毫无用处的迷信。下面我就用一个荒谬可笑的案例，来说明这种对骑士荣誉的迷信有多愚蠢。

这是发生在不久前的事，在很多国家的军队中，体罚时的鞭笞被睡板床取代。这两种方式都会给人带来皮肉之苦，但人们似乎更倾向于后一种，认为这种方式更体面一些，不会给自己的荣誉带来什么损失。

长久以来，人们一直处于迷信的状态，盲目地推崇骑士荣誉法则，无形中助长了决斗之风。与此同时，人们又在企图通过努力，或者至少假装在努力，用法律的手段来废除决斗。而现实却是，这种“武力强权即真理”的流毒，一直从最野蛮的中世纪延续到了 19 世纪，即便今天，仍阴魂不散地被人们加以鼓吹。对整个社会来说，这无疑是奇耻大辱，是我们应该抛弃的。时至今日，人们已经禁止了斗鸡斗狗（至少在英国这是刑事犯罪）。但是，还是有人为了能够互相斗殴，因为一点鸡毛蒜皮的小事就像两个角斗士一样，拼个你死我活。这正是那些思想狭隘的骑士荣誉的拥护者们为这项荒谬而虚妄的迷信法则鼓吹宣扬的结果。

因此，我向我们的语言大师提出建议：德语词“duel（决斗）”很可能不是来源于拉丁语 dullum，而是来自西班牙语 duellum，它的意思为灾难、痛苦、不安和抗议，是对骑士决斗的称呼。这种假正经的决斗法则被人们愚蠢地迷信着，已经成为人们茶余饭后的笑料。

骑士荣誉以它荒诞的法则为中心，在国家的基础上自成一国。在这个国度里，除强权即真理外，再没有任何东西是他们所敬畏的。他们用拳头代替一切，对屈服于骑士荣誉权威下的民众施以暴政。他们通过设置神圣的宗教裁判来解决一切纠纷，每个人都有可能因为一点小事而被当作罪犯传讯，从而被动地接受所谓的来自上帝的审判，并最终向强权的淫威屈服。而理所当然地，决斗就成为最好的避难方式。在这里，只要是信奉骑士荣誉法则的无赖，都可以得到庇护。这些无赖来自社会各个阶层，虽然这些阶层中也不乏优秀高尚的人，但是，高尚与善良从来就是无赖所嫉妒憎恶的，他们可以肆无忌惮地威胁恐吓甚至除掉那些高尚善良的人。

我们如今的司法制度与警察工作的高效率，已经令那些恶棍不敢在大街上冲我们直接大喊“要钱还是要命”了。同样，在一个和谐的社会中，全民的理智健全也会阻止恶棍们继续扰乱社会秩序，并失去冲我们大喊“要钱还是要命”的勇气。而作为上流阶层的人们也可以解除心里的恐惧和担忧，不用再时刻防备那些随心所欲的挑衅，担心为野蛮和愚昧的恶行付出生命了。如果两个涉世未深的年轻人只因为一时的头脑发热就大打出手，最终付出血的代价，甚或生命的代价，那这就不仅是让人惊骇了，而是整个社会的耻辱。

人们经常因为自己级别的高低或与冒犯者地位相差悬殊等原因，导致不能恢复自己的骑士荣誉。于是，他们陷入绝望当中，最后选择以自杀的方式结束一切，以悲剧的形式凄惨地收场。

由此可知，在这个国中之国，暴虐与迷信的力量是多么的强大。如果任由这种事情随意去发展，那么最终将导致剑拔弩张的紧张局面，而那种温情脉脉也就揭下了虚伪而荒唐的面纱。最后，事情的结果是相反的，发展也将是自相矛盾的。比如，官员是不允许参加决斗的，但是，如果有人向他挑衅而他没有迎战的话，是要被开除公职的。

只要一谈起骑士荣誉这个话题，就会引发我更深层次的思考。假如我们能条理清晰、不带任何偏见地审视这个问题，不妨再开门见山一些。每一个迷信骑士荣誉的国家，都特别看重匹夫之勇，也就是人们常说的“武力的力量”。它被称赞是“神意的审判”，它的法则也以这个重要的、令人刮目相看的差别为根基：在一场公平的较量中，双方是使用同等级别的武器装备来拼杀，还是从背后下手采取伏击，这两者之间在只认拳头不识对错的民众眼里，是有着很大差别的。如果一个人是在第一种情况下获得胜利，那么只能说明这个人比他的对手更有力量，更机智敏捷。为了给公开决斗中的胜出者找一个合理的理由，人们认为越强大的人越有理，只有强权才是真理。

但事实上，假如对手没有自我防范的能力来保护自己，那么我有很大的可能性杀死他，却不具备杀死他的合理性。至于是否合理，从道德层面来讲，则取决于我要取他性命的动机。即使我有十分充足的理由去杀死一个人，那也不是因为我在决斗中射击或者击剑方面比他强，所以我就该杀死他。相反，我无论采取什么方法夺取他的性命，是从正面迎击还是从背后进行偷袭，都是被允许的。

从道德层面来看，武力的强权并不比头脑灵活的计谋更令人佩服。要想杀死一个人，聪明人奉行的是阴谋诡计，并不依赖于体力的蛮干。在这里，靠武力来取胜与靠智慧来取胜，结果并无差别。

而我们应该知道的是，在决斗中，武力的强权与智慧的计谋是完全对等的，两者发挥着同样的作用。比如，击剑中的佯攻，不过是奸计的另一种说法罢了。如果我认为杀死他人是合理的，并不会受到道义的谴责，那么我要是只想着对手在射击或者击剑方面是否要比我强，就是愚蠢的。因为在这种情况下，对手不仅可以施奸计伤害我，甚至会要了我的性命。

18 世纪法国伟大的哲学家卢梭就主张，报复那些侮辱过你的人，决斗并不是最好的方法，应该去实施暗杀。不过，卢梭十分谨慎，他只在一本名叫《爱弥儿》的书中，以极隐秘的注释在第二十一条中暗示了这一观点。而通过这件事，也可以说明我们的哲学家完全是受了迷信骑士荣誉法则的影响，以至于偏执地认为，谁要指责你说谎，你就可以杀死他。而想必卢梭也知道，每个人遭受的指责是无法计数的，这一点，他最有体会。

人们总是错误地以为，只要是通过光明正大的手段与对手旗鼓相当地较量，在这种情形下杀死对手就是正当的。但这种想法明显是把武力的强权当作了真理，把决斗当成了上帝的裁决。与此相反，意大利人一旦发现有人侮辱他，会毫不犹豫地找到仇人，立刻上前袭击对方。他们这种出于自然且不拖泥带水的复仇行为，是合乎人的自然天性的。他们比决斗的人更聪明，但绝不会更卑鄙。

很多人都会说，我在决斗中杀死对手是迫不得已，因为我不杀死他，他就会杀死我。对于这种言论，我的反驳是：当你发起挑战时，就已经将对手置于必须破釜沉舟来保护自己的境地。这种故意将对手置于死地，令其不得不奋起反击的做法，本身就是不正当的。那不过是挑战者为自己的好斗找到的一个杀人的借口而已。如果双方真的意见一致，都同意将自己的命运交给决斗，那么按照“自愿者不构成伤害”这一原则，这种两厢情愿的行为就没有什么可指责的了。但是，还是有人要反对，在他们看来，决斗者的自愿并不能让这种行为具有合理性，因为受伤的一方一定不是自愿受伤的。荒谬暴虐的骑士荣誉法则将两名决斗者绑架，使他们以这种残暴的方式解决纠纷，至少其中有一个人是被拽到这个血腥的战场上来的。

对骑士荣誉这个话题，我已经说了太多，希望读者能理解我的良苦用心。因为对于如奥吉亚斯的牛圈一般污浊不堪的这个世界，只有借助哲学才能将那些道德和精神上的肮脏清理干净。有两种东西将现代社会与古代社会明显地区别开来，并且使现代社会并不比古代社会更占优势。因为这两种东西给现代社会带来的是阴暗、恐惧和灾难，这是古代社会绝没有的弊症。古代社会让人感到更多的自由，人们拥有的是欢愉和快乐，生命就像清新的早晨一样干净自然。而造成现代社会与古代社会生存质量上的差距的两种东西，就是骑士荣誉与花柳病。这一对“高贵的兄弟”（贺拉斯语）联合在一起，就成了毒害生命中所有关系的毒药。不论是公共关系还是私人关系，这对著名的搭档都影响深远。

而花柳病并非看上去那么简单，它不仅是生理上的疾病，还是道德上的暗疾。自从爱神丘比特的箭筒里装上了毒箭，男人与女人之间就有了一种疏远的、敌对的甚至是恶毒的关系，它就像一根看不到、摸不着，却又令人恐惧和猜忌的不祥之线，贯穿在男女交往的经纬之中，动摇了两性之间最起码的信任基础，也间接地影响了整个人类社会的生存基础并蔓延到其他的社会领域。但若在此对它进行过多探讨，则偏离我要讲的主题。

与花柳病相似的，则是骑士荣誉法则所带来的影响。虽然它们性质不同，作用范围也不一样，但影响却是相同的。骑士荣誉法则在古代社会就像一个怪物，对人们来说是陌生而荒诞的闹剧。但在现代社会里它却大行其道，使现代社会变得僵化、阴暗，人们处处谨小慎微，对自己说出的每一个字都要再三斟酌，而这只不过是一个点，并非全部。这个原则就像古希腊神话中的怪物米诺陶斯，需要民众去供奉祭拜，在每一年的祭拜中都要献上一大批贵族子弟做牺牲品。而这不仅是某一个国家的事。所以，我们必须及时出手，给这个愚蠢的制度以致命的打击，就像我正在做的一样。

在本世纪结束前，这两头怪物能在我们的社会里消失吗？让我们寄希望于医学与哲学吧。医生会通过药物来阻止其中一个怪物——花柳病的蔓延，对这一点，我们从来就没有放弃过希望；而哲学可以通过洗涤我们的思想，来铲除另一个恶魔——骑士荣誉法则。在这方面，政府曾尝试以立法的形式来完成这项任务，可惜也以失败告终。可见，唯有哲学家才能阻止它并将其连根拔掉。

假如政府确实有决心要取消决斗这种制度，而由于能力有限又收效甚微时，那么我可以负责任地向政府推荐一种保证会获得成功的法律。这个法律不会牵涉到流血斗殴等血腥的方法，也不需要借助断头台与绞刑架，更不需要对当事人进行终生监禁。它是一种最轻微的顺势疗法，不会产生任何后遗症。如果有人发起或接受别人的一次挑战，就将他带到光天化日之下，让他在警察局的门前，当众接受军士们的12杖作为体罚，而为其奔走效力的下人则要接受6杖责罚，以示警戒。假如决斗已经造成了恶果，那么可以按照普通的刑事诉讼，走正常的法律程序，来依法追究相关人员的刑事责任。

对此，一个具有骑士荣誉思想的人也许会加以反驳，在他们看来，被执行这样的处罚，稍微有点荣誉感的人都将无法承受，他们或许会选择一枪结束自己的生命。针对这一点，我的观点是：一个充满邪恶的蠢人打死自己，总比他去打死别人要好。

但我也清楚，政府并非真心要取缔决斗这种形式。那些政府官员，特别是职位一般的官员（那些高官除外），他们的薪资远远低于他们所付出的劳动价值。所以，不足的部分就由荣誉来弥补，而荣誉则是由头衔和勋章来体现的。头衔与勋章，代表了一般阶层的荣誉等级制度和差别制度。决斗，就是用另一种方式，给人们的等级提供额外的服务。阶层荣誉就如决斗场上的骏马（大学校园里对有关荣誉的问题已经进行了培训），而由荣誉带来的流血牺牲，也弥补了那些薪资比较低的官员们的不足。

最后，在这里我要提及一下国家荣誉，我也将它称为“民族尊严”。它是整个人类不可分割的一部分，是在面对外来入侵者时，整个民族抱成一团共御外辱的荣誉感，它的参与者唯有力量。所以，每个民族都必须时刻准备好，为本民族的利益而战。一个民族的荣誉，不单单存在于这个民族的信念之上，还存在于别的民族对它的畏惧上。任何一次涉及民族荣誉的侵犯，都不能、也不允许被忽略，它是市民荣誉与骑士荣誉的结合。

前面我们已经谈论了在别人眼中我们的样子，也就是别人对我们的评价，在它的最后部分，还有名声，我们还要对它进行论证。名声和荣誉是一对孪生兄弟，就像古希腊神话中的卡斯特和布鲁克斯。他们手足相亲，亲密无间，可惜命中注定一个难逃一死，另一个将获得永生。同理，名声在这里就像那个长生不死的兄弟，荣誉则是难逃一死的另一个。比起终将逝去的荣誉，名声可谓长生不老。当然，这里所说的名声是那种名副其实的声望。这个世上有很多名气、名声，不过如昙花一现般短暂，更像过眼云烟。

除此之外，荣誉不过是人们在同等环境中、同等条件下所应该具备的素质。而真正的名望，则是别人不硬性规定，但我们自身所具有的素质。荣誉关乎一个人的人品，它要求每个人都把自己最好的品行展示出来；名声则是别人赋予我们的品格，远远走在别人对我们的了解之前，只要声名远播，我们就能被更多的人知道。相较于名声，荣誉只是基于别人对我们的了解，范围有限。

每个人都对荣誉孜孜以求，却很少有人追求声望。声望可以让人流芳千古，但前提条件必须是优秀而卓越的，需要用非凡的成就才能换得。对于建立声望的条件，可以分为两类，即建立丰功伟业和创作传世经典。要建立丰功伟业，就要有伟大的心灵；

要创作传世经典，就要有过人的才智。

这两种途径各有各的优点和缺点，最主要的差别是：功业如盛开的鲜花，会凋零逝去；而经典则如高悬夜空的明月，华光永昭，流传千古。即使是最伟大的功业，它的影响也只能是持续一段时间就消逝了，而杰出的经典则正好相反，它不受时间的限制，即便藏之高山也会传之后世，始终保持鲜活有力且崇高的生命力，被人们世代传诵。如果没有历史对丰功伟绩的记录，并将它们呈现在世人面前，让它们如化石一般不朽，那么，所有功业留下的记忆将是模糊的，将会随着时间的推移逐渐弱化，被人遗忘。甚至需要人们刻意地去再次将其打捞起来加以记录、拯救。但是，经典却不同，一旦付诸文字，作品出版发行，就将流芳百世。譬如历史上第一位征服欧亚大陆的著名帝王亚历山大，我们仅仅知道他的名字和相关的一些史料上的记录；但是，柏拉图、亚里士多德、荷马和贺拉斯，他们却是活生生的、不朽的，一直在影响着我们，就像他们在自己曾生活的时代对当时的人们产生的影响一样。《吠陀经》和《奥义书》直到今天仍然为世人所传诵，但所有与这些著作同时代的丰功伟绩，却早已随风散去，无迹可寻。

功业的另一个缺点就是它太过于依赖命运之神的垂爱，全靠借助机遇才能实现。它与机遇紧密相连，因此，建立功勋的人赢得声誉，并不仅仅是他内在的价值，还有来自外部的环境因素。所谓时势造英雄，他的重要性由时势造就，他的荣誉也就由时势成全。在战争中，是否取得战功完全仰仗于几个目击者的证明，而现场并不是总能找到证人，即便存在，也不一定就是公正没有偏颇的。不过，好在建功立业是具体的行动，具有实践性，并存在于普通民众都能判断的范围之内。一旦功绩得到确认，将被报道传播出去，人们就会承认他的功绩，那么公正自然而然就产生了。除非人们一开始并不了解这种行为背后掩藏的动机。而最终对每一个行动的理解都是对这个行动动机的认可。

而经典则恰好相反。从作品创作初期开始，经典就全部依赖于作者自己，而不是依赖机遇。它们的产生也完全取决于它的创作者自身的思想。但是，在它们那里也存在评判的不容易，作品越伟大，就越难作出评价。很少有人既具备才华又公正诚实，能够正确地给作品以恰当的评价。不过，作品的好坏并不取决于一个人的一次评价，而是一个长久的检验过程。如我前面所说，丰功伟业只能通过记忆流传下去，供后人追忆；而经典却保留了作品原本的样子，即使因为某些环境因素出现部分遗失，也不会有人去故意歪曲作品的本意。随着时间的流逝，作品创作之初所遇到的不利环境也会慢慢好转。而且，一部作品要想真正成为经典，必须经过漫长岁月的沉淀，人们才能够给出完全正确的评价。即使有时这个结果要等上上百年，人们才会对作品形成极为深刻的理解，得出最终的评价。而这样的评价，无论以后时间如何流逝，都不会被推翻，这样伟大的作品，也就必然成为不可动摇的经典。

一部经典作品，作者能否在有生之年亲眼见证它被认可，则取决于外部因素和机遇。作品越高深、越伟大，这种概率越小。对此，塞涅卡有过精辟的分析，他说：“名声总是牵手成就，形影不离，忽前忽后。”随后他又补充说，“即使周围的人因为嫉妒而保持沉默，但日后终会有人不带嫉妒，也不带恭维地对你作出公正的评价。”通过这句话我们可以感到，在塞涅卡那个时代，就已经有了卑鄙无耻的人对别人取得的成就故意沉默不语，并假装视而不见，向公众隐瞒优秀的作品，以便压制它的价值，从而推出拙劣的作品。即便在今天这个高度文明的社会里，这种阴谋依然存在，人们用沉默来代替嫉妒。

一般情况下，名声来得越晚，越能够流传长远，因为卓越是需要经过漫长的时间检验才能够脱颖而出的。那些名垂青史的名声就像一棵橡树，从它的种子落入泥土那一刻，就开始了稳重而缓慢的成长；那些虚浮的名声虽盛极一时，却如一年生的植物，生命短暂；而那些名不符实的平庸之名，则如路边的杂草，迅速地生长，也迅速地消亡。

之所以会这样，是因为一个人越是更多地属于后世，即属于全人类，那么他在同时代人的眼中越是异类，越是无法被人理解和接受。因为他的作品并不是为他所处的时代而作的，他不会为这个时代唱赞歌，更不会为了哗众取宠而让作品迎合时代的需求。他的作品是奉献给整个人类的精品，所以他注定被这个时代冷落，无法获得认可。

而那些只为生活中的日常琐事操劳的人，更容易被时代所接受和认可。因为他们服务于这个时代，生于斯死于斯，与时代生死与共，更具有时代气息。在通常情况下，艺术史和文学史会告诉我们这样一个道理，人类最伟大的思想成就往往在一开始不被人接受和承认。也许它要经历漫长的等待与沉寂，直到有更加卓越的人注意到它，并从中受益，感受到它的伟大，这样一来，这项伟大的成就才能在那些人的影响力下获得一定的地位，并借此赢得声望，摆脱默默无闻。

实际上，人真正能理解并欣赏的，只有那些与他的思想本质相类似的东西。就如无聊的人喜欢无聊的东西，平庸的人看重俗气的东西，糊涂的人对糊涂的事物充满兴趣，没有头脑的人则会被呆笨的东西所吸引。而最能吸引读者接受并欣赏的作品，其中往往都体现了读者性格中的某些特点。对于这个道理，希腊古老的传奇人物哲学家埃庇卡莫斯有过很好的描述，他说：

> 能说出自己的思想，这没什么了不起，
> 如果有人自以为是，还沾沾自喜，
> 那你也千万不用惊讶。
> 这就像狗对于狗是最漂亮的，
> 牛对于牛也是如此，
> 正如驴子对于驴子，猪对于猪，
> 以此类推。

假如我们想用一件很轻的羽毛状的物体去击中目标，那么就算最强壮的手臂，也很难完成，因为我们无法将一根羽毛抛出很远。如果事物不是按照它本身的特点来加速，比如轻物很难接受强劲的外力，那么，它只能轻飘飘地坠落。那些伟大且崇高的思想，以及那些天才们的杰出作品，如果接受这些思想的只是那些狭隘、弱智、荒诞之人，那么它也将有着与轻物同样的命运。即便那个时代具有智慧的人都在扼腕叹息，也无法阻挡这种凄惨的命运。

西拉赫·耶数说：“谁和一个傻子说话，就如和一个正在熟睡的人讲话一样。话讲完了，他还会来问你讲的是什么。”哈姆雷特也曾说：“机智巧妙的语言正在傻瓜的耳朵里睡觉。”歌德则说：“无论多么美妙的语言，如果听众是个傻瓜，那么只会招来嘲笑。”他还补充说道，“如果世人太麻木愚蠢，我们也没有必要为此叹气，保持一种健康的心态。因为把石头扔进深潭，是不会激起任何波澜的。”

利希滕贝格说：“如果一个人的脑袋和一棵树相撞，会发出空洞的声响，难道这声响只来自脑袋吗？”他还说，“作品本身就像一面镜子，如果照镜子的是一头蠢猪，你就别指望会照出圣徒”。

对此，老神父盖勒特的优美而又感人的挽歌，让人久久回味：“这个世上，最好的事物往往得不到称赞，大多数人将卑劣当成了善良。这样的事屡见不鲜，使灾祸频频发生，人们防不胜防。可是，人们要如何避免这种灾祸，将它拒之门外呢？我虽然怀疑这种灾祸是否会在我们这个世界里彻底消失，但是，我还是要讲一种办法，那就是愚蠢的人必须变得聪明理智。这似乎不大可能，因为愚蠢的人从来不去思考事物的价值，他们只通过眼睛看到的来感觉。他们赞美那些一无是处的、琐碎的事物，因为他们从来就不知道什么才是好的。”

由于人们的思考水平低下，所以很难发现优秀卓越的人才。就像歌德说的那样，有些人除了思想水平低下，道德品质也很卑劣。而这卑劣实际上就是嫉妒，这样的人不会得到别人的欣赏和认可。一个人一旦获得了名声，他就会从大众当中脱颖而出，高于众人，而相对地，别人也就因此降低了位置。由此可见，一个具有伟大建树的人，他的显著价值都是以其他人的一无是处做衬托获得的。歌德在他的《西东合集》里说："我们在赞美一个人时已经贬低了另一个人。"

这也是为什么卓越的事物不管以什么形式出现，但凡它是优秀的，都要遭到那些平庸鼠辈的群起围攻。他们会联合起来，想尽一切办法打压卓越，使其没有用武之地，甚至将其扼杀。他们的口号就是"打倒卓越"！包括那些取得了一定成就，并因此享有盛誉的人。他们也不喜欢看到后起之秀名声大噪，因为在他们看来，别人的成功会掩盖他们的光环。对此，歌德说道："如果我们需要活在别人的意识里，那我宁肯不来这个世上，不如不活；如果你们看到有人趾高气扬地只想炫耀自己的重要，而忽略了他人的存在，你们就会赞同我了。"

一般情况下，荣誉都会得到人们的认可，并且不会受到嫉妒的攻击。只要荣誉没有受到损害，每个人都可以拥有它。但是，名声则不同，名声只能通过不断的奋斗才能赢得。而荣誉本身就是由一些卑鄙的小人组成毫无公正可言的权力机构授予的，荣誉可以并十分乐意与每个人分享。但名声却只能独享。得不到它的人会恶意去贬低它，而越多的人追求它，名声越显得高不可攀。

很多人想通过著作来获得名声，但是，这种难度与阅读这部作品的人数是成反比的，其中的难度可想而知。比起那些专写供人娱乐消遣的作品的作者，那些创作学术著作的作者成名的难度更大。而想通过哲学作品成名的，将是难上加难。因为哲学作品是否能给人提供教益，是一件很难确定的事。另外，哲学作品从实用的角度来看也没有什么用处，它的读者也主要是那些各持己见的同行们。

从上述内容我们可以得知，成名是一件多么困难的事。如果那些在艰难中坚持前行的作者不是出自内心的热爱，也不是因为创作过程中获得的极大乐趣，而是基于名声的诱惑，那么将极少甚至根本就不可能出现不朽的传世佳作。真正道德高尚有良心的作者，要想创作好的作品，就必须远离卑劣、虚伪和丑恶，并敢于驳斥和抵制大众心中的谬论，敢于藐视大众的评判。也许这样一来，反到使他们名声大噪了。俄索利乌斯在他的《论名声》里曾特别强调："名声逃离那些追逐它的人，却追寻那些回避它的人。因为前者在努力迎合同时代人的口味，而后者则在抵制。"

虽然获得名声并非易事，但是，一旦建立了名声，要想保持却非难事。在此，名声与荣誉正好相反。荣誉是每个人都有资格拥有的，无须去赢得，只要维护好不失去就可以，但问题也随之而来。一个人只要有一次卑劣的行为，就可以令荣誉毁于一旦，无法挽回。名声则不同，只要名副其实，就永远不会失去。因为一个人的名望是借助他的功绩和作品所得到的，它会始终如一地待在那里，即便日后他再也写不出配得上这名望的作品，他以前取得的成就所收获的名望依然会始终伴随着他。

如果一个人的名声慢慢消逝了，或者在人死之前就已经被遗忘了，那么只能说明这个名声本身就是虚假的、不真实的。换言之，就是一时的过高评价产生的毫无价值的浮名。就像黑格尔享受过的那种名气，利希滕贝格曾这样评价说：“他被一群人吹捧、宣扬，简直天花乱坠，在他空洞的大脑中产生了虚假的共鸣。那些荒诞不经的语言就像一个精致的鸟巢，而里面的鸟早已经飞走。当后世有人试图敲开那早已破败不堪的空壳，就会发现里面空空如也。甚至连一丝让人驻足的痕迹都找不到，这种所谓的名声，只会令后人耻笑。”

名声实际上代表了一个人的与众不同。因此，它的价值也是相对的。如果其他人都成为名人，获得了名声，那么这个人的名气也就削弱了，甚至不存在了。对一个人来说，只有自身真正拥有的，才具有绝对的价值，无论在任何情况下，都不会贬值。而这种价值，必然存在于伟大的心灵和超凡的智慧当中。由此可知，不是名声有价值，而是借以获得名声的东西。一个人应该推崇的不应该是名声本身，而应该是那些能令你出名的东西。这才是真实的，名声不过是随之而来的意外收获，是一种外在的表现，只能证明自己获得了高度的评价。这就如光线本身是见不到的，只有在别的物体的反射下，人们才能看见它。同样的道理，一个杰出而卓越的人，只有当他名声在外时，才会被世人所认可，才会获得应有的价值。

但是，名声也不代表就可以一劳永逸。即使拥有了名声，也不意味着就真的名副其实。德国大戏剧家莱辛曾经说过：“有些人空负盛名，有些人却有实无名。”如果一个人的价值需要仰仗别人的看法来确定，那么，他的一生将是可怜的。如果一位英雄或者天才，他的价值只存在于被全世界的掌声包围着的名气当中，那么，他的人生将是可悲的。一个人应该根据自己的本性而存在，从自身的角度为自己而活。你是什么样的人，就以什么样的方式生活，这才是最有价值的。

一个人自身的本性不管以什么形式、按照什么方法存在，都是这个人最真实、最重要的东西。倘若一个人自身的本性不具备价值，那么这个人自身也就没有多少东西。而别人如何看待我们自身的形象则是次要的，都是衍生出来的枝节，它受制于偶然事件，只能对我们产生间接的影响。

此外，我们的幸福怎么能够建立在大众那空洞浅薄的头脑当中呢？与真正的幸福相比，大众的虚幻更为可悲。而我们的幸福，又岂是别人所能做主的。那些所谓的名人殿堂，不过是由一些鱼龙混杂的上将、臣子、江湖郎中、杂耍艺人、舞女歌伎、百万富翁、犹太人等组成的社交圈子。形形色色的人在这里找到他们的价值，得到坦率的评价及由衷的敬意。与他们相比，那些真正拥有高尚灵魂、杰出才能的人，反倒只获得了人们口头上敷衍般的敬意。因此，从人类幸福学的角度来看，名声，正是喂养了我们的骄傲与虚荣的最无意义，却是最精致、最昂贵的开胃菜。

实际上，每个人的心里都怀有毫无节制的骄傲与虚荣，虽然它被小心翼翼地隐藏起来。而对那些不惜一切代价、一心想要出名的人来说，这种欲望尤其强烈。这些极其想出名的人，不得不在漫长的时间里，在不确定的苦苦等待中，寻求机会来证明自己的价值并获得他人的赏识。在这之前，他们感觉自己就像是受到了某种隐秘而不公平的对待。

如我在文章开头所说，很多人在意自己在别人眼中的样子，自己的价值完全取决于别人的评价，这是不正确，也是不理性的。英国哲学家霍布斯对此有过一番评论，言辞犀利，我认为十分正确。他说：“人们所有的喜悦和快乐都来源于攀比，攀比让我们更加看重自己。”这无疑很好地诠释了人们为什么如此注重名声，但凡有一丝机会，也要不惜一切代价地出名。

英国诗人弥尔顿在他的著作《利西达斯》中说：

名声——这高贵灵魂最后的弱点，
搅乱我们的头脑，
让我们忽视精神的欢愉，
只顾低头向前过辛劳的日子。

他另外还说道：

名声的殿堂矗立在山巅，
华光异彩，光芒万丈，
但想要到达山顶是何其的艰难。

由上所述，我们最终可以理解，为什么这个世上最虚荣的人总是喜欢谈论光荣，并将之视为不可动摇的信仰，视为建功立业和创作出伟大作品的重要动力。但是，从本质上来讲，名声无可争辩地是次要的，它不过是价值的衍生品，是成就的回声或映射，就如一个影子或一个标志。无论如何，能让别人崇拜你的，必定是比崇拜本身更具有价值的东西。由此可知，再大的名气也不能给人带来幸福，但让人拥有名气的东西，即人们创造出来的功绩或贡献，却一定能让人感觉到幸福。更准确地说，是人自身的价值带来的思想和能力，创造出这些成绩和贡献。无论是在道德层面还是在智力层面，这才是让人感到幸福的根本所在。

一个人天性中的道德和智慧，就是他最好的东西，对他来说也必定是最重要的东西。至于反映到别人头脑中的样子，以及别人对他的评价，不过是微不足道的、极其次要的影响。所以，理应出名却默默无闻的人，其实已经拥有了更加重要的幸福，这样的幸福，足可以安慰他在其他方面的失落。

假如一个人被一群乌合之众或是头脑简单、缺乏判断力的人们捧为伟人，并不值得别人羡慕。我们之所以会羡慕一个人，是因为他的确是一个伟人。这样的伟人，他的幸福不是因为后人会如何传颂他，而是他自己创造了有价值的思想。这种思想，即使过去千百年，仍然值得人类去研究和铭记。这样的人，拥有了别人无法剥夺的幸福，他的幸福掌握在自己手中，与那些徒有虚名的人截然不同。

如果一个人追求的是令人崇拜，那么只能说明他本身并没有什么值得让人崇拜的东西。实际上，浪得虚名就是这种情况，得到了名声，却因不劳而获不配享有。浪得虚名的人享受名声给他们带来的好处，却不具备名声所需要的价值和分量。虚假的名声会把一个人从幻想中拉回现实，因为很多时候，这些空有虚名的人为了自身利益而自欺欺人，他们处于并不符合他们身份的高度时，也会产生错觉。他们会把自己当成一枚镀金的钱币，一件冒名顶替的赝品，时刻担心会被人发现，揭穿他们本来的面目。他们害怕自己被打回原形，从而失去那些曾经拥有的有价值的东西。

他们在那些有识之士的脸上看到了身后遭人非议的情形，这让他们感到痛苦，就像自己是个伪造遗嘱骗取财产的人。

一个人真正的名声不在他生前，而在他死后。也许，作为名声的主人已不能知晓，但不妨碍别人将他誉为最幸福的人。所以说，他的幸福不仅在于能让他赢得名声的杰出品行，还在于他同时获得了机会，并拥有足够的条件去做他喜欢的、适合他的事情。只有从他的兴趣爱好出发，创作出来的东西才能成为经典，才能为他赢得身后的荣誉并流芳百世。所有伟大的灵魂或健全的思想，都是一切快乐之源。思想和理智会在作品中留下烙印，会受到后世人的顶礼膜拜。而当时令创作者感到幸福的思想，将会成为那些思想高贵、灵魂飘香的人们学习的楷模和乐趣所在。

能够流芳百世的身后之名，才是真正有价值、真正实至名归的，这是名声对一个人的回报。至于令他取得身后名的作品是否能让与他同时代的人认可，则属于运气和偶然，但这并没有多大意义。因为那些普通人并不具备评判能力，更不具备鉴赏高级别的伟大著作的实力。所以，这些人常常被权威人士所左右。而那些闻名遐迩的名声，99% 是建立在真实与正直的基础之上的。一个在有生之年就声名远播的人，如果够聪明，就不会把某些人的赞美之声看得过重。他会清醒地认识到，他所听到的，不过是极少的几个声音的回响而已。而这几个声音，又恰好很幸运地被他听到了。

如果一个音乐家知道了他的听众中除了一两个听力正常的人，其余都是聋子，而为了掩饰缺陷，他们只要看到有人鼓掌，就也跟着使劲地鼓掌，那么，这个音乐家还会为雷鸣般的掌声感到骄傲吗？如果他恰巧知道了那个带头鼓掌的人是因为收了人家的好处，鼓掌来带动气氛，他又该作何感想呢？

通过这些，我们最终明白，为什么同时代的赞誉很少会发展成后世的名声。为此，法国大师达朗贝尔将文学名声的殿堂做了极其精妙的描述："在文学这个高尚的殿堂里，居住着一群伟大的死人。他们活着的时候在这里并没有一席之地，而那为数不多的几个活着的时候在这里住过的人，几乎是一咽气就被扔了出去。"在这里我想顺便说一句，为一个活着的人树立丰碑，无疑是在向世人宣告，我们不放心由后人来评价他。

假如有人非常幸运地在生前身后都受到他人的赞誉，享有盛名，那么这种情况只能发生在他年老的时候。虽然说艺术家和音乐家可以不受这个规律的限制，但哲学家却几乎没有例外。那些名人肖像画就能很好地证明这一点。在大多数情况下，画像中的人都是在他们的名声达到巅峰时才被绘画的，而且他们常常被绘画成鬓发如雪的老者，哲学家尤其如此。如果从幸福学的角度来看，这种安排倒不失恰当。因为对于一个平凡的人来说，同时拥有名声和青春，的确太过奢侈。

我们的生命已经如此短暂，生命的福祉更不可随意虚度浪费。年轻人已经拥有了属于他们的财富，更应该物尽其用，好好享受生活的馈赠。青春本身就已经足够宝贵，当人生的喜悦和欢乐都随着年华的老去而消散时，就像由秋到冬的草木般渐渐死去。而此时，名声之树则如冬青一样开始发芽长叶。名声就如要花上整整一个夏季的时间生长成熟，才能在冬天收获丰美果实的冬青。当一个人垂垂老矣，没有什么东西是可以留下的，只有用自己全部的青春年华打磨创作的作品，才不会随着我们一起老去。它们会永葆青春，而这些著作足以宽慰我们了。

我们现在可以更进一步地看一下，在各种不同的精神追求下取得的各种不同类型的名声。从广义上来说，才智的优势就在于能够形成理论，并能够对各种特定的资料进行重新组合。这些组合可能内容迥异，但它们越是在生活中广为人知，越能激发起人们对它的兴趣，而借此获得的名声也就越大、传播的范围也就越广。比如说，这些资料内容可能涉及数字或者线条，或某些专门的学科，如物理学、动物学、植物学、解剖学或者古代作家的散佚之作、模糊得难以辨认的碑文，或是历史上有待考证的未解之谜。人们通过对这些资料进行正确的分类整理，来获取相应的名声，而这种重组只会在同一研究领域内流传，并不会扩散到其他领域。本来从事某项专业研究的人数就不多，加之很多人都已解甲归田，过起了神仙般的隐居生活，所以知晓此事的人除了这个学科研究的小圈子，就是同行了。而同行，往往又是对声名卓越的人心存嫉妒之人。

不过，有一种资料研究是全人类皆知的，比如说人类的思想、品行和理性，以及每天在我们眼前转来转去的伟大的自然力，或者人们都熟悉的大自然的一般规律。通过研究整合这一类资料，扩大了人们对事物的了解和认识，这样获得的名声，会传遍整个文明世界。因为这些资料通俗易懂，是人人都能理解的，所以这种组合也是人人都能接受的。

但是，名声的大小取决于需要克服的困难的大小。越是大家都熟悉的内容，要将它整合成新颖真实的理论就越困难。因为已经有众多有智慧的人在这些资料中探究，并提出了它们的可组性，要想从老生常谈中创新，真可谓难上加难。不过，也有些资料是大家所不熟悉的，人们若想从事此项研究，会相当地艰难，必须经历千辛万苦，才能得到它们并有所突破和创新。只要人们在面对这些资料时，能够正确地理解，准确地判断，那么，这样的研究内容都可以进行新的组合，形成新的理论。不过，就像人们对资料的了解和认识程度一样，通过这种途径传播获得名声的范围也是有限的。如果仅凭出色去获得对这些资料的认可，那么，解决这一类难题，无疑要完成大量艰苦的研究工作。即使只是为了掌握已经找到的资料，就需要耗费很大的精力了。

而另外有一种资料，它本身就是清晰有条理的，人们无须花费多少精力就能获得，而且要取得令人瞩目的名声也相对轻松得多。这种工作不需要苦干，但要求具有更多的天赋和才能。并且从工作的内在价值和受到人们的关注程度来看，那种一味苦干型的工作方式与拥有天赋和才能的头脑是不可同日而语的。

当一大群人面对着大家都熟悉的资料时，有些人会觉得自己具备相应的理解力和正确的判断力，但是，又无法相信自己拥有最高程度的思想禀赋。我觉得，这样的人只要不害怕做那些费力的研究，通过艰苦的劳动，就能超越那些目光短浅的人脱颖而出，也才能深入那些无人关注的偏僻的领域。在那些领域里，不会有什么竞争对手，只要稍具头脑就可以找到对资料进行重新组合的正确方式，并公布这个新的理论。但是，这样的发现，其价值有可能是依赖于不畏艰苦、攻克难关这一点。而他所分享的研究成果，也只有懂得这门学科的同行才会为之鼓掌，那掌声在普通民众听来，与他们毫无瓜葛。

假如我们要继续在这条追逐名声的道路上前行，我并不觉得会有更好的发展。因为可供我们发掘的新的学科资料越来越少，所以能为我们提供新的组合的机会也就越来越小。不过，也正因此，我们之前接触的那些精密的资料，就显得极其珍贵，极有价值，这些资料无形当中为我们的扬名奠定了基础。这就好像一个冒险家来到了一个人迹罕至的、遥远而荒僻的地方，他不需要做其他什么，只要把他的所见所闻记录下来，就可以让他扬名立万了。这种出名的方法最大的优势就是，不用传达自己的思想，只要讲述见闻就好。人们对他人所见的理解力要比理解他人所想容易得多，而且乐于去阅读有关讲述见闻的著作。正如阿斯穆斯所说："远游归来的人，总是有很多故事可讲。"

不过，如果有幸认识了那些冒险家们，对他们有所了解后，就会让人想起贺拉斯说过的一句话："漂洋过海的人，变换的只是风景，而并非新的思想。"

但是，那些天赋极高、拥有强大精神力量的人，应当敢于去解决重大的难题，去解决那些关系到整个社会整体的问题。这样的人应该全方位、均衡地拓展自己的视野，甚至对各门学科都能兼顾，以避免在极少数人涉猎的领域越陷越深。换言之，就是不要太纠结于某一学科的某一个领域，更不要去死抠那些细枝末节，钻牛角尖。他完全没有必要为了避开与同行的竞争，而去找那些难以获得成就的学科来进行研究。我们日常生活中的很多事物，都有可能成为研究的主要素材，从而形成新的、正确理论。因为只有这样，他所付出的努力、取得的成果，才会被那些熟悉素材的人所欣赏，才能获得大多数人的认可和掌声。

由此可以发现，物理学家、化学家、解剖学家、矿物学家、动物学家、植物学家、语言学家、历史学家等所能获得的名声，与研究人生的哲学家和诗人所获得的名声相比较，二者之间的差别是多么的巨大。

第五章　忠告和警言

如果我要在这里追求完整性的话，就得把从古到今的思想家列出一个表格，一一加以阐述。那么，这里有很大一部分杰出的思想就得重复。所以，这些思想家可以从忒奥克里托斯和所罗门王算起，到拉罗什富科截止。如此一来，我就可以避免说一些前人已经说过的话，整体的安排也不会因为一些丢弃而显得不完整。对于完整性与系统性，人们在谈到时，总是会认为具备这两者会让这个主题变得毫无意趣。而我在这里，只想把我能想到的、似乎有必要告诉大家的东西，以及我能想到的，但没人说过的东西，至少不完全是我一个人讲的东西，分享给读者。事实上，在这个领域已经有很多人做出了贡献，我所能做的，就是把大家遗漏的做一个补充而已。

不过，为了把这方面涵盖丰富的见解和忠告完整地展现给大家，我还是把它们作了划分：第一部分泛论、第二部分人对自身的认识、第三部分我们对他人的认识、第四部分我们对世俗与命运的认识。

第一部分　泛论

一

亚里士多德在《尼各马可伦理学》中说："理性的人追求的是免于痛苦，而并非寻欢作乐。"我把它作为人生智慧的最高原则。

这句话告诉我们，除了生活中的坎坷和苦难，其余的所谓享乐和幸福都是被动的。读者可以在我的《作为意志和表象的世界》第一卷第五十八章里找到详尽的答案。在这里，我只想用一个大家日常所熟悉的事例做一个阐述。当我们身体的某个部位受到了伤害，而其他部位健康无虞时，我们可能不会重视到健康的部位，而是把所有精力都放在受伤的部位，并因此而忽略了整个身体的舒适感受。

同样的道理，假如在我们的生活中一直都是一帆风顺，忽然有一件事与我们的意愿相违，哪怕它是微乎其微、毫无意义的，我们也会一直耿耿于怀。我们一直在脑海中盘点这件事情，却忘了那些比它更有意义、更重要的事情，那些让我们身心愉快的事情。

其实，这两种情况，都是我们的意志受到了伤害的表现。第一种伤害在人的身体上被具体化；第二种伤害则在人的精神追求中被具体化。由这两种情况，我们可以得出结论，所有的消极情绪都是因为意志没有得到满足而产生的，而这种感觉是我们不能直接感受得到的，只有在意志得到最高程度的满足时，我们才能在思考中意识到这些。反过来，当意志受到伤害时却是积极主动的，并且我们自己对这种伤害就能预感得到。只有战胜或者摆脱这种伤害，我们才能获得快乐，而这种快乐也是短暂的。

亚里士多德的原则之所以受欢迎，正是基于这个道理。它告诉我们，不要把所有的精力都放在生活当中的享乐和舒适上，而是应该想办法让自己远离生活当中那数不胜数的困难和灾祸。亚里士多德的话无疑是正确的，因为被誉为18世纪法国资产阶级启蒙运动泰斗的伏尔泰也说过相同的话："幸福不过是一场梦幻，痛苦才是真实的存在。"而伏尔泰是对的。

由此可知，当一个人展示他生命中所取得的成就时，也会同时展示出他为了取得这个成就而付出的所有辛苦、遭遇的所有困难，但他绝不会展示他所享受过的快乐。当然，如果我们把"幸福学"理解为"幸福论"，实际上是抬高了它的身价。在我看来，幸福学所讲的幸福是消极的，而幸福论所宣扬的幸福则是积极向上的。因此，幸福的生活不过是少了很多灾难的生活罢了，即我们尚且可以忍受的生活。我个人认为，生活的目的不是去享受安逸，而是去忍受它的坎坷，解决它的苦难。生活中的许多格言警句也说明了这一点。例如，"忍受生活，战胜生活"；意大利语警句中说，"我们可以应付过去"；德语中说，"我们必须努力挺过去""他在浑浑噩噩中度日"；等等。如果一个人到垂垂暮年时，已经把一生该做的工作都做完，那将是多么大的安慰。

人这一生，没有经历太大的苦难，不论这苦难是精神上的还是肉体上的，那么他都将是这个世上最幸福的人。相比之下，那些激动人心的喜悦和令人陶醉的享乐，反倒不是最幸福的了。如果有人以喜悦和享乐作标准来衡量一个人是否幸福的话，那他就是用错了标准。因为享乐始终是不被认可的，如果有谁认为享乐能够给人带来幸福，那他一定是得了妄想症，是虚荣心在作怪，他也终将难逃命运的惩罚。反之，苦难带给人的感受则是积极向上的，当人们通过自己的奋斗赶跑苦难，也就获得了人生的幸福。一个既没有经历苦难，又不感到无聊的人，他最终获得的是平常世界的平凡幸福，而其他东西都是梦幻泡影而已。

综上所述，我们可以得出这样一个观点：我们绝不能用困难作条件去换取享乐，哪怕是受到某种胁迫也万万不可。否则，我们就是在用积极而真实存在的东西去为消极而虚幻的东西埋单。如果我们为了远离苦难而牺牲享乐，那么我们最终还是胜利者。不管这种情况是先苦后乐，还是先乐后苦，结果都一样。

人这一生，过得最不清醒的，莫过于把血泪场当成风月场。很多人迷失在这里，他们不是尽最大努力积极地去消除这种苦难，相反却以消极的享乐作为欢愉的目标。如果有人眼光独到，能够通过这个世界看到地狱的烈火，那么他是聪明的，会少走很多弯路。只有愚昧的蠢蛋才会沉迷于生活中的享乐，却发现受骗的总是自己；而聪明的人，早已懂得如何规避苦难。如果这样做不能给聪明的人带来幸福，那只能是命运的错，而不是因为他愚蠢。即便他没有获得幸运的光顾，但至少他不会受骗，因为他所避开的苦难是真实存在的。如果要他牺牲那些不必要的享乐，来换取远离某些不幸，那他实际上并没有损失。因为所谓的享乐，不过是人们的幻觉，为这些虚无缥缈的事而心神不宁，是多么愚蠢而可笑。

因为我们对乐观主义的偏爱，造成了生活中的很多不幸。当我们脱离苦难，会有各种各样的幸福以假象来蒙蔽我们的意愿。而我们却被这种虚幻的幸福牵引，不停地追逐。所以长此下去，我们就招致了灾难，这灾难无可置疑是实实在在存在的。而后，我们会在哀叹中后悔丢失了生活当中美好的伊甸园，并徒劳地期望不要再发生这样的蠢事。愿望就像恶魔，总是以幻象作诱饵，企图将我们从无苦难的状态引诱出来，而这种状态正是我们坚守的真正的幸福。

在年轻人的眼里，这个世界是如此美好，就像个幸福的王国，为我们提供享乐，只有那些自身有缺陷的人，才会脱离这个王国。我不想说年轻人的看法有多么草率，只凭他们通过阅读长篇著作和诗歌产生的错觉，就去追逐外在的虚幻的世界，他们就是幼稚、不成熟的。他们为了刻意追逐那些由享乐构成的虚幻的幸福，不惜冒着赴汤蹈火的危险。而这种追逐注定是失败的，因为那不过是虚幻的海市蜃楼，无法给人真实的世界。这种失败会伴随着他们的人生，而痛苦、磨难、病患、失败、愁苦、贫穷、耻辱、悲惨等境况，也会在他们生活中频繁出现，让他们追悔莫及。

如果生活的目标是远离贫困、规避灾难、避免病患和各种困境，那么，这个目标是真实而正确的。它越看重某个东西，那么它越会远离那些因追逐某些幸福而产生的幻象，而这种幻象对它的阻挠也就失去了作用。

在《亲和力》这部作品中，歌德借助米特勒之口表达了他的观点:“如果有人想要摆脱灾难,就要清楚自己想要的东西是什么，而不是他所拥有的是什么，否则，他与瞎子无异。”

同样的道理也在法国的格言中出现：“更好是好的敌人。”诚然，这里面含有犬儒主义的根本思想，这在我的《作为意志和表象的世界》第二卷第十六章里，可以找到相同的看法。正是犬儒学派发现了苦难与享乐这种纠结的关系，才让人们放弃所有的享乐，因为他们认为规避苦难要比寻欢作乐更有价值。只有深刻地体会过苦难的积极性与享乐的消极性所带来的不同影响，人们才会矢志不移地、竭尽全力避免苦难的降临。为此，他们可以毫不吝啬地舍弃享乐，因为在他们眼里，享乐已经是导致苦难发生的圈套。

席勒说：出生在阿卡迪亚的我们衣食无忧。这句话也可以理解为：我们在这个世界上无忧无虑地生活，沐浴着阳光雨露，并满怀着追求幸福和美好生活的希望，即便这看上去有些愚蠢。但是，很多时候，我们无法改变粗俗的命运，它抓住我们不肯放手。一无所有的我们，一切都交由命运来决定。命运就像一个高高在上、拥有无限支配权的统治者，不仅支配我们的财富和收入，还支配我们的亲人和朋友，甚至我们的五官和四肢，就连我们面部中间的鼻子它也不放过。

时间是最好的见证师，它会给人以最好的体会，并同时让人懂得幸福和快乐就是海市蜃楼。远观时，它雄伟壮丽；走近时，却一无所有。而苦难和坎坷却是真实存在的，它们无须不切实际的幻想，只要耐心地等待，它们甚至会不请自来。如今，这种教导终于有了回报，人们不再追求那种虚幻的幸福和安逸，而是想尽一切办法阻止苦难和坎坷的到来。也终于认识到了这种没有苦难的、祥和的、大家都能接受的生活，就是这个世界馈赠给我们最好的礼物。为了能够坦然愉快地面对生活，人们不再对它寄予太多的奢望。

规避不幸最有效的办法，就是不要对生活过多地奢求。年轻的梅尔克是歌德的好友，他对此早有洞见："我们对幸福的过多要求，就像南柯一梦。它葬送了世上最好的东西。谁能摆脱这种过分的要求，并且除了自身所拥有的东西外，不再奢求，那么，他就能在这个世上继续很好地生活。"（歌德，《与梅尔克的通信》）

由此看来，一个人最应该做的，就是把对精神、财富、地位、荣誉等的要求适当地调整到合适的位置。因为导致人遭受巨大苦难的，往往是毫无止境的渴求与永不停歇的索取，它们总是伴随着幸福、荣誉和享乐而来。当然，苦难对每个人来说，都是显而易见的，而幸福却是不易求得的，甚至有人倾其一生都无法得到的。这在有关人生的智慧的文字里有精彩的描述：

有人选择了平平常常的生活，
那么他就远离了腐朽与污秽，
远离了那招人嫉妒的奢华殿堂，无欲无求。
在疾风暴雨中折断的是巨杉的树梢，
坍塌的是高耸的石塔，
只有巍巍的山峦迎接着闪电。

如果有人认可我的思想并因此有所领悟，知道人类的生存状态，并不会比我们想象的更好，而最伟大的思想就是去打破这种生存方式。这样，人们就不会在幻想中去苦苦追求世上那些不可能得到的东西，也不会因为失望而悲恸地哭号。他们会记住柏拉图的忠告：如果你失去了一个世界，那么无须为它悲伤，因为它并不重要；如果你得到了一个世界，那么无须为它欣喜，因为它并不重要。悲伤与欢乐，总是瞬间消逝，即使整个世界瞬间消逝，也并不重要。（萨迪，《古丽斯塔》）

很多人不知道我在前面已经提到过的世界的幻象，我想，我们应该尽早地将它告诉给年轻人。世上的豪华与宏伟，很多都是虚假的现象，就像戏剧舞台上为了剧情需要而进行的装点粉饰，它掩盖了事情的本来面目。比如，用三角旗和鲜花装饰的船只、大炮、霓虹灯、锣鼓和唢呐、欢叫声和呐喊等，所有这一切，不过是道具，就像店铺的招牌、交易中的暗示及考古中的象形文字，最后都是为欢乐这一目的服务的。

可是，当大幕徐徐落下，人们却很难在庆祝的殿堂上看到欢乐的踪影。很多时候，欢乐都是选择最没有意义、最不重要的场合，无声无息地悄悄出现的。因为它不需要虚假的荣誉和毫无用处的名气来装饰，就像澳大利亚的黄金，随随便便地散落在角落里。之所以讲这些，只是想让人们相信，欢乐从来都不需要热烈的气氛、条条框框的要求，它只以它最微小的形式出现，从不会成群结队，招摇过市。欢乐时时刻刻都在我们身边，别人脑海里的假象，并非快乐本身。

悲哀与欢乐就像一对孪生兄弟，紧密相连。由一眼望不到头的马车组成的送葬队伍，在哀乐声中缓缓向前移动，看起来是那么忧伤。可是，我们看到的车厢里，除被全城的马车夫送到墓地里的逝者外，却空空荡荡。这样的情景似乎在向人们传递一个信息：人类虚假的友情和所谓的尊敬，最终不过是一场空乏、贫瘠的梦幻。

而在另一个场合中，身穿节日盛装的嘉宾贵客们，优雅地端着酒杯，穿梭在金碧辉煌的宫殿，享受着上层社会的盛宴。在这里，高贵成了他们的招牌。可是，在高贵华丽的外表下，掩盖的往往是人们的无奈、痛苦和空虚。而通常喧嚣热闹的地方，都会有许多无赖之徒乘虚而入，他们大摇大摆地在胸口别上象征身份的三角星以示与众不同。但是，真正的社交活动并不需要多么宏大的场面。耀眼华丽的宴会，只会给人带来空虚和无聊，每一个光临的嘉宾，内心并不都是舒畅愉快的。人们生存当中的苦难和贫穷，与宴会活动的盛大奢华相比，是那么的格格不入，大相径庭。它让人们真切地看到了这个世界的本来面目：表面上，人们脸上都带着笑容，似乎已经陶醉在宴会的热烈气氛里，这也许就是宴会举办者的初衷。可实际上，却充满了无奈、无聊与虚假。对此，尚福尔有一句话说得极为恳切：“社交、圈子、沙龙，这些被人们奉为交际的东西，实际上，不过是一幕糟糕透顶的话剧、一场低劣无聊的歌剧。它们毫无趣味可言，不过是借助机器、服装、装饰物来维持那点虚假的名声。”

以此类推，那些高等学府，也不过是智慧的假象，是它的外在招牌罢了。而真正的智慧不会出现在这种场合，它有属于自己的纯净领域。教堂的钟声、神父的礼服、虔诚的祷告、轻浮的举止，这些同样都是信念的假象和招牌。如此看来，这个世上很多东西都如没有果仁的坚果，果仁是极为稀罕少见的，它们也不会藏在坚硬的果壳里。假如我们足够幸运的话，也许会在别处找到它，但很多时候，我们都是空手而归。

二

如果想要凭借一个人的健康状况去衡量他的生活质量，那么，我们不应该直接问他，使他拥有快乐的原因是什么，而是要问他，是什么让他如此烦恼。只有一个人本身感受到的不如意、能让他烦心的事微乎其微时，这个人才是幸福的。毕竟，不是每个人都能拥有这种幸福的感觉。当一个人处于不幸中，是完全感受不到这些细微的幸福的。

三

我们一定不要过多地干预别人的幸福，如果我们提出的要求过多、过于宽泛，幸福的大厦就有可能坍塌。生活中很多不幸之所以没有发生，不是不会发生，只是时机还不成熟而已。从根本上来看，所有的建筑物，如房屋、大厦，它们的地基是越宽广越牢固，而幸福恰恰相反。因为人们渴望拥有幸福，所以就要千方百计地去寻找实现它的办法。因此，当幸福来临时，我们一定不要以极高的标准吓跑它，而是应该踏踏实实地迎接它、珍惜它，唯有如此，我们才能避开苦难，远离灾祸。

如果想要详尽地规划自己的人生，不论这种规划如何，它都是世上最寻常、最没有意义的蠢事。这种规划，从一开始就是体系完整、带有目的性的，但是，很少有人能够实现它。假如我们活到七老八十，在人的生命里程中已经算是长远、高寿了，但对那些事先规划好了的计划来说，生命更应该像长青的松柏，因为那些规划比生命更长远。这些规划，就像人类许多不能实现的愿望一样，将会遭遇各种磨难和阻碍，最后以失败告终。如果有人侥幸达成了愿望，实现了所有的目标，但当他回头去看时，一定会发现自己这一路错过了很多风景，并没能好好享受时光给予他的馈赠。生命赐予我们努力拼搏和享受安逸的能力，我们却毫不在意地将它丢在一旁。当我们为了某些不切实际的东西废寝忘食、志在必得时，却忽略了身边的幸福。即使最终得到了梦寐以求的宝贝，却已经没有能力去享用它了。

人们为了完成一部想象当中的著作，花费心血，策划筹备，到最后，却发现这不过是一件耗时费力、毫无价值的事。同样，人们为了追求更多的钱财，总是去拼搏奋斗，在历经漫长的努力，忍受无尽的坎坷和磨难后，才发现自己倾其一生换来的，除了财富，还有透支的身体和疾病。而有些人为了谋得一官半职，除自身的努力外还要学会溜须钻营，以并不光彩的手段谋得的职位，到最后却往往不能胜任。还有一些人，为了有一个实现梦想的舞台而不懈努力，岂不知，待到他们能够真正大展拳脚时，却时过境迁，他们所研究的东西早已不合时代的口味，或者说他们的这个职位来得太晚了。江山代有才人出，新生一代总是对过去一代人的所作所为失去探究的兴趣，而历史也总是被一代代迅速成长起来的年轻人所改写。贺拉斯有一句话就蕴含了这个道理：“对于那些恒久的计划，我们日夜操劳的心显得太孱弱了。”

人们的精神常常不自觉地被幻象所迷惑，才会犯下错误。当我们看向人生的起点时，它显得那么漫长，一眼望不到头；而当我们站在人生的终点回望时，才发现，它竟然那么短暂。因此，人生的幻象好像也并非一无是处，至少因为有它，一些伟大的事物才得以产生。

人生于我们而言，就像一场旅行，每个人都是旅行者。当我们背上行囊眺望远处的风景时，会被它的美丽所吸引。而当我们迈步走近时，才发现一切远远不是我们最初看到的样子，就好像景色自己会变幻似的。

人们的愿望也是如此。人们常常为了得到某些东西，在这条路上坚定不移地苦苦追寻。人们最初选择的道路也许是不正确的、徒劳的，而在另外一条路上，或许会有意外的收获。这份收获可能要比最初追求的东西还要好，还要有价值，它能让人如愿以偿。我们往往会有这样的感受：当我们一如既往地追求幸福和欢乐时，我们却在这个过程当中无意地收获了知识、教训和经验。这才是人生最宝贵、最长久的幸福，它有别于那种昙花一现般虚无缥缈的福分。

《威廉·麦斯特》是一部很有思想的小说。这一思想作为小说的主旋律贯穿始终，也因此，它的成就要高于同时代的其他任何小说作品，甚至连斯科特的作品都无法与它媲美。在斯科特的作品中，这一思想披上了道德的枷锁，完全脱离了威廉所要表现的人类本性。而在歌剧《魔笛》中，这一思想被怪诞、复杂却又具有深远意义的埃及象形文字粗线条地表达出来，就好比剧场中的舞台装饰。如果歌剧以塔米诺最后进入了智慧的神庙，并在那里度过一生，而不是迎娶了帕米娜来做结尾，那么整部歌剧将更加完美。与此相应，剧中塔米诺的对手帕帕盖诺最后应该得到帕帕盖娜的芳心，整个故事才合情合理。

从来都是品德高尚的人才懂得感恩，他们不会做任何有违天意的事情，并能快速地领悟命运的教诲。他们懂得，这个世上的幸福不是寻觅来的，而是从深刻的教诲中领悟出来的。所以，他们从不抱幻想，而是用一种平和的心态去触摸智慧的大门，并最终与彼得拉克一起说："除了知识让我感到幸福外，其他的都做不到。"

当他们的意愿和欲望与幻象相遇时，我们丝毫不必担心，因为他们只是游戏一番。在他们的内心深处，只是希望从中收获教诲罢了。这一切，反倒赋予了他们恬淡优雅且具有创造性的个性。从某种意义上说，他们就像古代的炼丹术士，在探寻宝藏的过程中，却意外地发现了火药、瓷器和药品，甚至发现了新大陆。

第二部分　人对自身的认识

四

一名建筑工人，他在工作中并不一定了解整个建筑的规划，也不会时时刻刻都待在建筑现场。这就好比一个人，即使他能数完人生中的每一分、每一秒，却仍然无法对自己的整个人生、整个性格完全了解和掌握。一个人的人生和性格越富有价值与意义，并且具有完整的规划和突出的个性，越有必要看清自己人生的缩略图和眼前突然出现的计划，这对他来讲，是大有益处的。

诚然，并不是所有的事情都要从大事做起，完全可以先从“认识自己”做起。从自己最原始的本意开始，知道什么才是让自己获得幸福的最根本的东西。在自己的生命中，什么占第一位，什么又占第二位。同时，还要清醒地认识到，自己所从事的工作和自己在工作中扮演的角色与这个世界是什么关系。如果一切都是优秀而卓越的，那么，他完全可以将自己的人生计划缩小尺度，进而俯瞰。这要比其他任何事情都令他兴奋，他会因此大受鼓舞，并精力充沛地继续努力前行，从而避免走了很多弯路。

这就像一个登山者，只有当他到达顶峰时，才会低头俯瞰来路，一路上的崎岖坎坷，都是他整个人生不可分割的一部分。同样的道理，一个人只有到达了人生中某一个阶段的临界点，或者是到了生命的终点，才能对自己一生的作为、取得的成绩，以及这一生的价值，从整体上做一番盘点。经过这番盘点，人才能够真正地认识自己。一个人如果不能在为人处世中摆脱种种束缚，就像给自己的能力带上了枷锁。换句话说，凡事皆有它的必然性，因为每个人都在最合适的时间里做着自己认为最正确的事。只有看到了事情的结果，才能看清整个事情的来龙去脉，才明白究竟发生了什么，人为什么要这样去做，又应该如何去做。

当一个人试图去完成一项工作或创作一部伟大的作品时，并不会认识到自己当前的价值。只会觉得自己所做的一切，与自己的愿望和目标是相符的，因此，会觉得每一件事、每一个主张都是合情合理的。但是，当事情按照人们自己的意识和能力发展，并显示出它的与众不同时，人们才会明白，走过千山万水，唯一正确的道路往往在事情的第二部分，就像灵感会在灵机一动中闪现一样，而这一切，无不得益于天赋对我们的引导。不管是枯燥乏味的理论，还是真真切切的实践，无一例外。而那些低俗的、无法取得成功的事情，所遵循的原则正好与其相反。

五

拥有一个正确的关系，并能恰到好处地把握好这种关系的平衡，会解放我们的意识。我们才会在当下与未来之间游刃有余，才不会顾此失彼。而这正是人生智慧的重要之处。

有些人沉醉于当下声色犬马的奢靡生活，有些人看不到未来的希望、整日怨天尤人。能在现实与未来之间游走自如的人，凤毛麟角。那些在现实中苦苦挣扎、在期盼中痴痴等待的人，将一切希望寄托给未来。他们从不回头看，总是以迫切的心情期待还未发生的事情，好像他们所有的幸福，都掩藏在未来当中。他们看不到当下正在发生的翻天覆地的变化，即使是擦肩而过也无心欣赏。他们以一副洞察世事的表情，睥睨着这个世界，这正如意大利的那些蠢驴：人们将绑有草料的棍子捆在它们的头顶，于是，驴迈开欢快的步子向前奔跑，因为驴相信自己只要一张嘴，就可以吃到眼前的草料。如蠢驴一样的人，终其一生都在自欺欺人，就算死了，也不过是匆匆忙忙在这个人世白走了一遭，没有任何价值和意义。

一个人不能总活在梦想当中，也不能总是沉湎于往事无法自拔。要知道，唯有当下的生活，才是人间烟火，才是真实可靠的日子。而未来总是与现实的愿望相差千里，过去也早已偏离了我们的记忆，物是人非。

其实，不论是过去还是未来，都没有我们想象的那么重要。距离的遥远，让我们眼中的一切渺小而模糊，只有在想象中它们才会变得高大。而当下却是以时间做证，真实准确地存在着，我们都生存在它的羽翼下。所以，我们更应该以一颗快乐的心，尽情地享受每一段没有烦忧、没有痛苦的自由时光。不要因为曾经的过往，丢掉了生活当中的希望；更不要为了不可预知的未来，杞人忧天，错过了眼前的幸福。珍惜当下，才是我们每个人最应该做的。因为沉迷过往或者担忧未来，就对当下的美好时光视而不见，甚至排斥践踏，那是蠢蛋才做的事情。无论是对未来的担忧，还是对从前的追悔，都是特定时间里的特定产物，它们不能成为生活的全部。对已经发生的事情，我们应该这样去思考：无论世事给人们带来多大的伤害，我们都希望它能过去；无论世事给人们带来多大的煎熬，我们都希望能克制痛苦。而对于未来的思考，则恰恰相反，你要把每一天都当成一个新的生命（塞涅卡语）。

对于当下阳光灿烂的生活，我们还有什么理由不去愉快地接受呢？

实际上，我们担心的很多事情一定会发生，甚至连发生的时间都可以预料，所以，我们的担心是完全没有必要的。灾难要么有可能发生，要么必定会发生。但是，灾难发生的概率还是微乎其微的，虽然它会在人们不知不觉的情况下突然而至，但即使它必然发生了，我们也无法确定它到来的准确时间。如果因为这两种情况而惶惶不可终日，就会陷入恐慌的泥淖，一刻也不得安宁。我们常常为了避免这种恐慌，而自我安慰，比如对自己说：有可能发生的灾难绝不会发生，必定会发生的，也肯定不会立刻到来。

一个不喜欢安宁的人，肯定容易受到欲望和期待的诱惑。歌德有一句诗被很多人传诵："我从来不指望任何事物。"这句诗告诉我们，人若能不被任何困境所左右，不因贫穷的生存条件而拒绝生活，他就能够享受由人类最基本的幸福构成的精神世界的祥和与安宁。

精神世界的祥和与安宁，对整个人生而言，都是必不可少的。正因为如此，我们才更不该忘记眼前的日子稍纵即逝，而且绝不会重复。可是，很多人却愚蠢地认为，现在的一切到明天依然会存在，却不知道明天已经是另一天的开始，并且仅有一次。我们必须清楚，每一天都与我们的生命息息相关，是生命中不可分割和替代的部分，就像我们的手脚、口鼻一样，组成完整而鲜活的我们。

不管怎样，人们总是在身处困境时，才会怀念曾经的舒适、美好和健康，才会想去珍惜当下拥有的一切。可是，人们往往好犯一个毛病，就是好了伤疤忘了疼。只有当再次被噩运击倒、深受病痛的折磨，或灾难降临、诸事不顺时，曾经的幸福时光、无忧无虑的生活才会令他神往。他这时会记起每一个熟识的好友，每一次的欢笑，会希望重新得到它们。所以，我们在生活中一定要积极乐观地面对一切，否则快乐和幸福就会从我们身边悄悄溜走，我们除了无奈和叹息，将一无所获。

人不要总是在失去后才觉得可贵。如果我们不珍惜今天平凡而普通的日子，总是想让它早点过去，总是对明天充满期待，那么，等今天成为过去，而你期待的所谓的明天成了今天的时候，会发现一切依然如故。你会被失望纠缠，而你所厌弃的日子早已成了找不回来的昨天，甚至成了被奉若神明的历史，再也无法触摸，只能保留在记忆中。

六

并不是活动的范围越广、人脉越多，我们就越能获得幸福。相对的限制，反倒更容易让我们得到幸福。因为，有时候活动的范围扩大，反而会令我们的意愿更难以实现，并由此产生更多的担忧。这份担忧会让人惶惶不可终日，痛苦不堪。所以，并不是所有的缺失都像我们想象的那样不幸，比如那些身体残疾的人，他们脸上常常挂着温和的笑容，他们的神情怡然自得，那份安宁的幸福，足以说明一切。

按常理，我们的人生可以分为前后两部分。后半部分与前半部分相比，则多了很多的坎坷和苦难，这基本符合前面所讲的原则。人这一生，随着自身的不断成长，心中的愿望和接触的事物界限也在不断地拓宽。在孩提时代，我们的世界被局限在最狭窄的环境和关系中。及至青年，我们的世界已然比小时候丰富多彩，各种界限明显地拓宽了。等到了成年，我们的世界里包括了我们的全部认识，并且会延伸到各种关系当中，包括国家及人民。而当我们到了耄耋之年，垂垂老矣时，我们所关心的就只有后代子孙会如何了。

限制，包括思想精神上的，对每个人来说都是获得幸福的一剂良药。意志受到的刺激越少，苦难出现的可能性就会越小。相对来说，苦难是事实，而幸福却是未知的。如果我们想要避免意志遭受更多的挫折，最好的办法就是限制自己的活动范围；如果想要从根本上消除让我们的意志遭受挫折的内因，我们就要限制自己的精神活动范围。

但有一点是无法避免的，那就是限制精神活动带来的空虚无聊，会成为无数苦难的源头。因为，人们为了逃避空虚无聊带来的苦闷，会去寻找各种各样的娱乐、消遣方式，如交际、赌博、酗酒、购物等，这些会导致人的堕落，并由此招来灾祸，让人在悔恨的泥淖中无法自拔。这也正好证明了这样一句话：“一个人在无所事事时，是很难保持安宁的。”

对人行动的限制与精神的限制相比，其意义正好相反。这种外在的限制越多，人越容易获得幸福，很多寄情于山水的田园诗人，都很好地用作品诠释了这个道理。在那些田园诗中，人们过着恬淡安逸的农耕生活，他们活在自然纯粹的时空里。正是因为环境的局限，他们享受着最简单纯粹的幸福。这种感觉，即便是我们在一幅画中看到，也会令我们心驰神往。

由此可知，不管生活条件多么艰苦，也不管生活方式多么单调，只要人的思想和精神世界是纯净而丰盈的，那么，它就是我们想要的幸福生活。事实上，这也就是我们的生命本真。生命的重负我们常常无从察觉，它就像一条小河，没有喧哗、没有巨浪，就那么无声无息地蜿蜒远去。

七

我们对欢乐和痛苦的感知都取决于我们的意识。一个从事脑力劳动的人，只要他的智慧与他所从事的职业相匹配，那么，他得到幸福的机会就要比那些从事体力劳动的人要多很多。因为靠出卖体力谋生的人，生活总是处于漂泊之中，无法安稳，他们不知道明天的生活会不会有着落，为此饱受折磨。而那些具有卓越才能的人，从事着体面的工作。但是，无论条件多么优越，还是要留意那些外在的现实生活，它们往往会给从事脑力工作的人带来不必要的麻烦，转移他们的注意力，使他们不能专心地做事，从而失去心灵的安宁。一个人长久地从事脑力劳动，整日忙于工作，就会减少甚至失去生活中的娱乐能力。如果有一天，有一个机会让脑力劳动者放下工作去参加一项需要精神和体力都十分充沛的实践活动，我想这是件好事，完全可以去做。

八

生活五彩斑斓，教会我们很多东西，也让我们从中获得很多经验和教训。但是，在面对生活时，我们仍须谨慎地走好每一步，并经常审视自己的所作所为。对我们曾经做过的事，走过的路，我们以前的想法和现在的想法，以及以前的梦想、规划和如今的成果、喜悦，做一个总结比较，是成熟的人必修的课程，也是牢记生活给予我们的忠告的表现。

我们丰富多彩的生活经历，就像是一部著作的正文。而我们对生活的感悟和思考，则是这本书的注释。有的书，正文很短，只有区区两行字，但注释却很多，足足有几十行。这就好比一个人，他们的生活经验寥寥可数，但他们却有很深的感悟和反思。还有一些人，虽然他们有着丰富多彩的生活经历，可是，他们却缺少对生活深刻的感悟及正确的认识，就好比比邦迪出版的著作，没有注解，使正文的很多部分无法得到正确的解读。

对于我们的发现，毕达哥拉斯亦给出了相同的建议：每当夜晚来临，我们在结束一天的活动时，都应该回过头去看看我们白天所做的一切，对白天的所作所为做一个总结。如果一个人整天身陷庸俗的享乐和烦乱的琐事当中，就不会有时间去思考，那么，他的人生就永远不会成熟，永远在原地踏步。一个缺乏对生活审慎思考的人，他的精神世界也是混沌不清的，更不用说清澈高尚的思想了。我们可以从一个人的言谈举止中看清一切。一个人越被鸡毛蒜皮的琐事所牵绊，越会显示出强烈的焦躁不安，也越会令他的精神世界空虚贫乏。

人生中的很多东西都在时间的流转中渐渐地离我们远去，我们无法找回当时的情境，更再不会有当时的激情和感受。唯一能留下的，只剩记忆和那些事情带来的经验教训，这些经验教训成为我们经历当中的财富和人生的标尺。为了能将人生当中有价值的东西永久保留，记日记不失为一种有效且实用的方法。

九

一个人能够做到宠辱不惊、怡然自得，并且能够自豪地说："我拥有的都在我身上。"他就是一个真正的高人，一个活得最明白的人。对于我们的幸福来说，这才是最重要的。亚里士多德有句至理名言："那些自得其乐的人都是幸福的。"关于这一点，我不想再过多地重复，因为我在本书的开头，已经放上了尚福尔的话，说的基本就是这个道理。生活中，有一部分人充满自信，他们什么事情都自己做主，从来不奢望也不依赖别人的帮助；而另一部分人，在无常的世事面前，面对难以计数的困难和挑战、危险与忧愁，他们则显得束手无策。

很多人在纷繁复杂的大千世界里，过着纸醉金迷的"幸福"生活，殊不知，世上再没有比这更荒诞无稽、混乱错杂的生活了。因为这种看似莺歌燕舞的享受，不过是一种错觉，是引诱人陷入苦难的美丽陷阱。尽管这种陷阱很隐蔽，但是，它的存在必将在人与人之间造成欺骗，从而让人们相互之间失去信任。

每个人在出席社交活动时，都要学会控制自己的情绪，学会包容理解。社交的场面越宏大，给人带来的压迫感也就越强烈。只有离开这种虚伪的场面，一个人独自享受静美的时光时，人才是真实的自己，才是自由的。如果无法享受孤独，就不知道什么是真正的幸福和自由。无论是谁，在社交场合都不可能永远保持镇定自若、谈笑风生。特别是那些独具个性的人，他们更是无法容忍自己为了迎合别人去做无谓的牺牲。

每个人都会根据自己的个性及自身的需要，去追求属于自己的生活。他们或者喜欢隐居式的田园生活，独自享受那份清净；或者喜欢一个人面对生活中的坎坷，独自承受那份寂寥；或者喜欢背上行囊独自远游，去追寻那种孤独的感觉。因为他们知道，只有在孤独中才能享受真正的自我，孤独会让人对万事万物变得更加敏感，对自身的遭遇有更加清醒的认识，会让人自身的精神力量不断地强大。总之，孤独会让人有更多的思考并回归自己的本性。

上天赋予一个人的自然优势越多，这个人在人群当中就越会感到孤独，这是由人类的天性决定的，没有人可以幸免。假如一个人的精神世界与他的外表一样特立独行，那么孤独于他是幸福的，他不需要被世俗所牵绊。反之，他会因为自己的优势在人群中被孤立、仇视，甚至迷失自我，却没有人会为此对他表示歉意。有时候，上天也会在人与人之间设置障碍，让人的思想道德水平完全不同，有人充满智慧，有人却失去理智。但是，这种差异会被社会所忽视。甚至有时会被人为设置的社会等级、身份差别和社会秩序所左右，而它们与上天所赋予人的一切正好截然相反。那些天赋不足的人，在社会的等级分化中过得悠然自得。而那些被上天垂青的宠儿，却在人为的等级分化中被边缘化，使得他们养成了独立自主的个性，拒绝一切无聊的社交。实际上，在社交活动中，也往往是那些卑鄙无耻的跳梁小丑在唱主角。

人们之所以对社交活动失去兴趣，使这项高雅的活动变得如同鸡肋，其主要根由在于降低了社交的门槛。成就不同，贡献不一样的人，在社交活动中享有着同样的权利和机遇。比如，那些标榜精英云集的上流社会，他们让各种各样的人大出风头，大显身手，却唯独没给思想领域的精英们留一席之地，甚至把那些充满哲理的思想当成洪水猛兽加以阻拦。社会约束人们的思想，要求人们毫无底线地去包容愚昧、迟钝与混乱，而对具有卓越思想以及独特个性的人，却常常打压甚至雪藏。因为那些才智出众、思想卓越的人，他们超凡脱俗的精神世界，以及纯粹高雅的生存方式，给那些愚蠢的人带来了刺激，让他们受到了前所未有的伤害，尽管这些伤害并非出于本意。

我不赞成人们对社交的赞美，也没有感受到它所带来的好处。相反，它让我们违心地与那些不喜欢的人在一起，曲意逢迎，完全失去了做人的自我。甚至可以说，为了与其他人保持同一步调、同一频率，我们不得不收起自己的光芒，像一个猥琐的小人一样。这样的社交畸形而丑陋，让那些精神独立的人感到压抑和愤怒。

由此看来，只有精神领域在同一个高度上的人，才有共同语言，才会互相理解，惺惺相惜。而在那些庸俗的所谓的社交中，人们是不允许具有独立个性与崇高思想的人存在的，他们仇视一切富有精神的东西。

因此，人们完全没有必要为了迎合这种庸俗不堪的社交，而把自己也变成一个俗气而又缺乏趣味的人。人们为了拒绝这种以失去自我个性为前提的社交，不停地奋斗着，并寻找同盟者。一个人自身的能力越强大，越会感受到这种社交给自己带来的损害，以出卖本性为代价的社交，是多不划算、不值得。人们总是在交往中，将烦恼和抱怨及担忧，强加给那些思想独立、才智过人的人，却不能为那些人带去什么。这就像一场买卖，谁在社交当中坚守了孤独，谁就是赢家。

可以说，真正卓越的精神在社交当中是难觅踪影的，因为人们是不允许它的存在的。为了彻底将其赶出社交场合，人们甚至不惜弄虚作假，让一些传统的优越性按照惯例在上层社会中繁殖、游走。这些传统优越性基于任何规则之上，空洞而善变，却被愚昧地当成时代的声音。但是，只要它与真正的卓越的精神相遇，那么它的愚昧将无处可逃，正因如此，有礼仪存在的场合，理性从不露面。

基于每个人的独立个性与情感，每个人只能保持与自己完整的一致性。而与他人的不协调是必然的，包括他与朋友乃至爱人。所以说，一个人除身体上的健康外，来自心灵上的满足感，以及对生活安宁祥和的追求，都只能在孤独中获得。只有保持这种心灵深处的回归，才能在这个凡尘俗世中获得最大的幸福。如果一个人具有强大的精神世界，并能够在尘世的纷纷扰扰中保持个性的独立，那么，这将是这个贫乏的世界上最无可比拟的福分。也许有人会说，人们被友情、爱情及荣誉捆绑在一起，怎能划分得清楚。可是，别忘了，人是具有自私性的，最终只能对自己好。如果有例外，那就是对自己的孩子好。

一个人由于自己的思想变化或者生存的环境有所改变，与一些人失去联络，或者干脆断绝了来往，这其实并非坏事。从喧嚣繁华的社交场一下子回到孤独单调的日子，也许人们一时无法接受这种落差，更感受不到它的好处。但是，相信时间会慢慢让人有所感悟，那些社交的弊端，也将一一显现。学会忍受孤独，应该成为年轻人走向社会的必修课。因为只有当一个人静下心来享受孤独时，他才会获得心灵的祥和与安宁，才会对人生进行思考，这一切，也正是幸福的根源。

一个不依赖任何人、富有独立个性与自我精神世界的人，必定是优秀的。西塞罗曾经说过："一个能掌控自己人生命运的人，无疑是最幸福的人。"另外，一个人自身拥有的东西越多，对外界的寄予就越少。当然，这种感觉是完全可以让人骄傲的，因为一个人自身的价值和财富越强大，他在社会交往中就越自信，也就不会为了迎合他人的要求而去牺牲自己、委屈自己，更不会为了寻求这种交往而去否定自己。

但是，那些庸俗的人却恰恰与上面所说的相反，他们喜欢并擅于社交，为了社交活动，他们可以作出任何妥协。与那些只能忍受自己的人相比，他们更愿意去容忍别人。由此可知，这个世上，并不是所有有价值的东西都会物有所值，而那些备受尊崇的东西，往往就是毫无价值的。这一不公平的社会现象，导致很多有才华、有智慧的人，选择归隐田园，去过那种与世无争、神仙般的日子。一个人，如果时刻不忘自己肩负着的道德层面的要求，那么，他就会减少与其他人的交往，就会时刻提醒自己，限制自己对外界事物的需求。这才是真正的人生大智慧。

一个热衷于社交活动的人，他自身的精神世界一定是空洞而乏味的。他所做的无非是为了逃避自己的无能与寂寞。而内心的空虚与烦恼，并不是借助社交这种活动方式就能消除的。即使身处灯红酒绿中，由于精神世界的贫乏，他们也如背着沉重的包裹，行走在荒凉偏僻的野外。如果一个人的精神世界是晦暗的，死气沉沉的，那么，没有什么灵丹妙药能让他们鲜活起来，所谓的起死回生，不过是自欺欺人罢了。

有些人为了让自己的精神境界显得高尚一些，就去借助酒精的麻醉作用来自欺欺人，最后和那些酗酒的人一样成了酒鬼。这些人渴望来自外界的刺激，需要那些和他们有着相同脾气、秉性、爱好的人，结伴前行，互相欣赏。一旦没有了这些臭味相投的人，他们的精神世界马上坍塌，生活的荒芜和空虚马上显现出来。对这样一群人来说，他们中的任何一个人，都是宇宙世界中的一个微小且有破损的分子，需要不断地有人为他们补充，才能尽显其完整的形态。与之相反的是，一个对生活充满热爱的、不需要借助他人来完善自我的人，必将是一个纯粹的、统一的、完整的人，这类人是人类理想的美好化身。

所以，人们用俄国的喇叭乐曲来比喻这种低俗无聊的社交活动。因为在喇叭乐曲中，每一个喇叭都只有一个声调，要想把一支曲子完整地呈现在人们面前，所有的喇叭必须共同发声。那些毫无趣味的庸俗乏味的普通人，就如同单调的喇叭，只有众人在一起时才能显出他存在的价值，这不由得让人想起中国的典故“滥竽充数”。但这种枯燥愚昧的思想在很多人那里都是毕生的追求和信仰，除此之外，他们再不会去思考其他不同的东西。

由此，我们终于明白了，为什么那些人会感到生活的索然无味，为什么他们那么热衷于寻找刺激和享乐，甚至成群结队地出行，人类的群居特征在他们身上尽显无遗。而他们自身的乏味，本质在于每个人都不想为自己负责，很多愚蠢的人仿佛都患上了厌恶自己的毛病。只有大家一窝蜂似的扎在一处，聚集大家共同的力量，他们才算是一个完整的人，就像那些俄罗斯的喇叭音乐。

而与上面提到的那些人相反的，却是精神生活丰富而充实的人，我们可以将其比作音乐家。他们可以自己举办一场声势浩大的音乐会，甚或他们自己就是一架音质绝妙的钢琴。因为钢琴本身就是一支气势恢宏的乐队，而这样的人本身也就是一个色彩丰富的小宇宙。别人需要大家一起完成的乐曲，在他们这里可以独自轻松地演绎。钢琴不是合奏的交响乐中的一部分，它适合展现自我、完成自我、不需要借助任何外力的独自表演。所以，如果需要与人合作，他们也会像钢琴一样，作为乐队的主音，其他乐器不过是他的伴奏，甚至他们会像钢琴一样，为整首乐曲定调。

经常参加社交活动的人，都可以从上面的比喻中找出规律：如果一个人的交际活动毫无质量可言，那么，他只有通过更多的活动，在数量上来弥补那份不足。而在这些活动中，他只需要结识一位品德高尚的人，这对他来说好过交往千百个乌合之众，是值得的、意义重大的。或许我们还可以乐观地认为，在那么多人里面，肯定会有一些值得的、有意义的东西存在，也许通过大家的共同努力，真的会弄出一些名堂来。就像上面提到的喇叭音乐一样，只是这需要有足够的耐心。

一个人内心如果不够强大，那么折射在具体事物中，就会是这样的结果：我们假设一些品质卓越的人，为了心中美好的理想，想要建立一个志同道合的团体，凝聚一些同样优秀的人，可是，在残酷的现实面前，这个团体存活下去的希望小之又小。因为这个世界上总有那么多庸俗粗鄙的小人，像蚊虫一样到处乱飞乱撞，他们总是盯着众人，绝不放过任何可以摆脱无聊和苦闷的机会，而实际上，他们不过是一些无能之辈。正是这些无聊的蠢蛋，抓住机会混进某些团体，这样的乌合之众会让这个群体很快失去存在的意义，或者与创建者最初的意愿完全背道而驰。

很多时候，人们的社交活动无非就是一种精神上的抱团取暖，这与在寒冷的天气里人们将身体挤在一处互相取暖异曲同工。但是，精神上的取暖与身体上的又有所差别。那些自身拥有强大精神能量的人，是不会和那些精神贫乏的俗人相拥的。这在我的《附录和补遗》第二卷最后一章里，用一个小故事做过相同的描述。由此，我们可以得出结论：一个人对社交活动的兴趣，与他的精神价值是成反比的。一个人越是不屑于交际，越能说明他的卓尔不群。

一个不喜欢交际的人，注定是孤独的，而孤独给那些才华出众的人带来的好处，最明显的有两点：第一，它可以让人享受独处；第二，他可以不必与别人为伍。假如我们害怕那些无谓的社交活动给自己带来麻烦、约束，甚至是不必要的风险，我们大可按照第二点好处去做。拉布吕耶尔有句名言："我们所有的灾难都源于我们不能去独处。"没有节制的社交就如一项危险的活动，甚至对某些热衷交际的人来说，是一种堕落的表现。因为在社交活动中，有形形色色的人，里面不乏道德品质低劣、智力愚钝、是非不分之人。如果一个人的内心足够强大，拥有的能力足够优秀，他就根本不需要这种社会交往。那些不喜欢交际的人，就是对社交活动毫无需求的人。能够不与那些庸俗的人为伍，对他们来说不啻为一件幸福的事。不健康的社会交往会产生许多的负面影响，而能让身心保持健康的重要因素，就是心灵的安宁，这也是我们能够获得幸福的重要保障。但是，社会交往会危害这份安宁，所以，孤独对我们来说真的是十分重要，否则，我们这种心灵的安宁将无从谈起。

犬儒主义者为了获得心灵上永久的安宁，不惜抛弃一切世俗之物，那些与之志趣相投并愿意放弃社会交往活动的人，无疑作出的是最明智的选择。法国 18 世纪著名作家贝尔纳丹·德·圣皮埃尔曾一针见血地指出："限制饮食可以保证我们的身体健康，限制社交则可以保证我们的心灵安宁。"所以说，谁能忍受孤独，并享受孤独带来的宁静，那么他就收获了真正的人生宝藏。

可是，并不是每个人都会这么认为。就如一开始人们是因为苦难的境遇而走到一起的，当苦难解除了，人们的精神思想得以放松，此时，无聊乏味又将人们赶到了一起。如果没有苦难和无聊，或许每个人都会选择自己一个人面对生活。因此，只有处于孤独的环境中，人才能保持自身独有的一致性。换句话说，就是与他自己眼中的个性相一致。不过，这种独一无二的个性，早已湮没在当下喧嚣拥挤的人群中了，就像每走一步，得到的都是让人心痛的否定。从这个意义上来说，孤独就是人类的自然状态。就像最初伊甸园里的亚当，只有与他的本性相适应的原始的生存状态，才是他的幸福所在。

可是，最终亚当也没能经受住诱惑，孤独使他逃出了伊甸园。所以从另一方面来看，人们无法忍受孤独，所以才逃离最初的自然状态。其实，一个人来到这个世界本就不是孤身一人，有父母双亲和兄弟姐妹。如此说来，在人的最初思想里，并没孤独这种生活方式。孤独，不过是人在岁月流转中，随着自身能力的提高，在经历众多的世事后，感悟人生才形成的。由此可以得出结论，一个人对社交活动的热衷程度，与他的年龄是成反比的。

小孩子一个人单独待上几分钟，就会在害怕恐惧中大喊大叫了，特别是男孩子。而年轻人也总会害怕独处一室，所以他们常常和别人结伴而居。只有那些才华出众、品质高尚、优秀的年轻人，才会想偶尔尝试一下一个人独处的世界。但是，他们的这种尝试也坚持不了多长时间。相比之下，反倒是成年人更乐于享受独处的静谧时光。因为随着岁月的流逝，成年人早已经历了太多的悲欢离合，年龄越大，孤身一人的机会就越多。等到他们老了，眼见自己的同龄人一个一个地离开人世，这时候，他才感受到孤独。此时，他想享受生活，可是，这样的念头也只是一闪而过，他终将在孤独中找回生命最初的本真。

当一个人独自面对人生时，他的思想境界越高，越会对归隐田园、怡然自乐地独处产生偏爱。就如上面所说，独处并非一个人因需要而产生的结果，而是从生活反思中产生的影响。这种反思，是普通大众遭受挫折后，在道德层面和精神层面收获的最宝贵的洞见，并由此思考衍生的结果。因为普通大众所处的社会环境，让他们的思想水平与道德水准无法达到更高的要求。他们身上存在最低劣的东西，常常令他们做出最糟糕的事情，让人心生厌恶。这也是为什么我们在与人交往时，常常会心生不快，甚至很多时候难以忍受的原因。

事实上，与这个世上其他的事情相比，最糟糕的应该是一个人身陷无聊低俗的社交聚会中而无法自拔。对此，连最善于交际的伏尔泰也曾说："这个世上到处都是不值得我们交往的人。"而性情温文尔雅、喜欢独处的彼得拉克，则对伏尔泰的观点做了进一步的阐明，他说："我一直在寻找一种孤独的生活，这一点，小溪、田野、山林，它们可以为我做证，逃离那些空虚低俗的思想，因为与它们为伍，让我无法选择通向光明的道路。"而在彼得拉克著名的《独处的时光》一书中，他也谈到了同样的道理，在席马曼创作的以孤独为主题的著作中，这本书成为重要的参考样本。

而尚福尔则以讥讽的口气，指出导致人们离开闹市隐居的间接原因，他说：“人们偶然说起某个人，说他不爱交际，喜欢独自一人生活。这就好像我们说某个人不爱散步，然而能作为理由拿出来的，仅仅是他不喜欢在家门口的树林里散步而已。”在《玫瑰园》中，波斯人萨迪也说过同样的话：“在此，我们与社交场合中的人分道扬镳，去选择另外一条特殊的路，即栖息在安静的独处当中。”而温和的基督徒安格鲁斯·西莱西乌斯则以充满智慧的语言论述了这个道理：

约瑟夫知道，他的敌人是希律王；

因为在他熟睡的时候，上帝已经告知他危险所在。

伯利恒是红尘俗世，埃及是孤独圣地。

奔跑吧，我的灵魂！奔跑吧，否则他会受难而死。

乔尔丹诺·布鲁诺也曾听到过这一道理：“那么多红尘俗世中的人想过天堂般的日子，他们曾经异口同声地说：‘看吧，我早已经远离了那里，并且会一直独处下去。’”而萨迪更是借助《玫瑰园》，表达了自己宁肯隐居在耶路撒冷附近的荒原，过着如原始动物一般的生活，也不愿意再与大马士革的朋友们来往。

总之，那些拥有高尚灵魂和聪明智慧的人，都有着相同的观点。我想，这绝不是普罗米修斯当初黏土造人时的故意所为，而是应该感谢雅典娜赐予人类的灵魂。那些才智过人的优秀者，他们与普通的凡夫俗子所保持的联系，仅限于人类本性中最卑微的部分，也可以说是最普通、最无知、最俗气的部分。普通人喜欢群居、喜欢大家捆绑在一起，而那些优秀者，在普通人无法提高自身能力和水平的情况下，只能降低自己的身份。可这样的交往，怎么能让他们感到快乐、有意义呢？于是，这些自视甚高的优秀者，便产生了离群索居的想法。

那些喜欢交际的人，其实是可怜的，他们生命里缺失的东西太多，使他们变得卑微而无聊。而那些灵魂高贵的人，因为内心充实，所以不需要借助任何外力来获得存在感，他们更向往的，是远离社交的独处。年龄越大，他们越会明白，除特殊情况外，这个世界上只存在两种选择：孤独或者庸俗。这话说起来容易，做起来却很难。即使是有着温和与慈爱的基督徒安格鲁斯·西莱西乌斯也免不了说道："孤独是困境，但它并不庸俗；认识不到这一点，那么到哪里都是荒原。"

作为人类的导师，那些精神强大的人，都是拒绝与他人有过多的交往的。就像教育家不愿意与那些嬉闹的孩子一起游戏，这是很自然的行为。因为他们的存在，只是为了引导人们走出谬误，将人们从粗鄙野蛮的愚昧中解救出来，给人们指明通向文明的道路。即使他们生活在普通人当中，也绝不会与他们成为同一类人。那些精神伟大的人，从青年时代就已经显现出自己的与众不同，只是随着年龄的增长，他们更清楚地意识到了自己肩负的使命。他们不但在精神上与普通人有着差别，而且还刻意地在行为举止上与那些人保持着距离。那些庸俗的人是无法靠近他们的，能靠近他们的人，都是与那些粗俗野蛮的人有着巨大差别的人。

从以上事例中，我们可以得知，一个人对孤独的喜爱，并不是最原始的本性。只有那些精神高尚的人，才会在生活的实践中逐渐感悟到它的可贵，并一步步开始践行。在这个过程里，他们要克服想与那些普通人交往的冲动，甚至要时刻警惕魔鬼墨菲斯特的诱惑。而卑劣的社交活动，只会让人变成一个凡夫俗子。

所有精神伟大的人都逃脱不了孤独的命运，虽然他们也为此叹息过。但是，如果让他们在孤独与庸俗中进行选择，他们毫无疑问会选择孤独。不管人们到了什么年纪，都应该做一个理性的人。当人到了耄耋之年，孤独其实是最符合自然规律的追求，也是一个人最本能、最正确的选择。因为人生至此，已经经历了各种尘缘，看明白了世事沧桑，没有了对红颜之爱、鱼水之欢的痴迷，也就没有了对社交活动的热衷，所以，人会更加渴望孤独。从前灯红酒绿、浑浑噩噩的日子在幡然醒悟中结束，周围的老友撒手人寰，陌生的后起之秀环绕左右，这时的人，再也没有了什么期待，已经彻底是孤家寡人，孑然一身了。

面对悄然而逝的时间，我们应该去做那些有益于精神的事。如果一个人的能力只隐藏于头脑当中，那么，我们学到的很多知识，收获的很多经验就无法在现实中得到运用。我们必须将逐渐完善的思想，以及不断提高的能力，熟练地运用到现实当中，这样，我们的各种钻研就不会再枯燥乏味，会比以前更有趣，也更加轻松。以前看起来犹如雾里看花、比较复杂的事物，也将一目了然。我们由此取得了成果，同时也会感受到自己与众不同的优越性。

一个人总是在饱经世事之后，才会看清一切，也不会再对别人抱有更多的期望。很多时候，并不是我们了解了某个人就能与之真心相待。事实上，除特殊的原因外，我们遇到的大多会是人性中极为卑劣阴暗的一面，而我们能做的，只有敬而远之。因为我们不再被生活中的幻象所迷惑，并能一眼看穿事物的本性，所以我们会发现，可以密切往来的人越来越少。直到我们把孤独当作最后的知己时，才会选择离群索居，与自己为友，过隐士般的田园生活，这也就成了我们的第二本性。

像从前那样，孤独的空间被喧闹的社交活动所侵占的事情再不会发生，享受孤独，已经成为当下最根本、最合理的事。当一个人拥有自己独处的空间时，就像鱼儿畅游在水中。也许对那些优秀的人来说，年轻时因为自己的出类拔萃或突出的个性所忍受的孤独，到了年老之后，都可以坦然接受，并借此宽慰自己了。

至于年老所带来的好处，每个人只能按照自己的理解或接受能力来享受。因此头脑聪慧的人获得的乐趣最多，而那些比较愚钝的人获得的相对要少很多。只有那些极度空虚无聊的人，才会到老年依然热爱社交活动。而对于他来说，很多活动已经不再适合他参加，虽然他年轻时有可能是社交场上的主角，但现在，他只能让人厌恶，惹人嫌弃。

人的年龄正好与他的社交爱好成反比，从中我们可以发现一种带有目的性的行为。人在年轻时，总是需要更多的学习机会。而命运也为人们打开了天然的互动课堂，在与同龄人的交往中，每个人都可以进行很好的互动交流。因此，人类社会也可以被称为一个巨大的导师制的教育机构。书本和学校，是人为提供给我们的学习方式，但它们都远离命运的自然安排，所以，一个人越是年轻的时候，越是愿意有目的地参加命运安排的自然课程。

贺拉斯说："世界上并没有哪件事情是完美无缺的。"古老的印度也有一句谚语："没有带秆的莲花。"所以说，孤独虽然有许多优点，但也存在少量的缺点和不足。要是拿它与社交的缺点进行比较，孤独的所谓的缺点也就微不足道了。因此，一个人如果自身具备很多别人无法相媲美的优点和长处，那么，选择悠然的独处，要比与人相伴更自在轻松。

孤独的缺点并不像其他缺点那么明显，所以也不容易引起人们的注意。它就好比人们长时间待在室内，不经历风雨，偶尔有一点风吹草动，身体就会受到影响，容易感冒发烧一样。如果一个人长时间独处，不与人交往，情绪就会变得对外界的举动特别敏感。可能一些鸡毛蒜皮的琐事或者一些无关紧要的话语，甚至只是别人的一个表情，都会令他感到恐慌、悲伤或者忧虑，而别人对此并无察觉。

但是，在现实生活中，我会告诉那些不能容忍别人合理的反感，遇到事情只会将自己包裹躲避起来，却又不能忍受长期单调而孤独生活的人，要敢于把这份孤独带到社交活动中去。但我同时也会建议他，在与人交往时，仍然要保持一定程度的独处。所以，他也完全没有必要将自己头脑中的想法都告诉他人。再有，就是在社交活动中，千万不要把别人说的话太当回事。无论是从道德层面还是从理智上讲，都不能对别人抱有太多的期望。因此，在面对他人的评判时，要想始终保持那种被人称赞的宽容大气，最好的办法就是要有自己的定力，要一分为二地看待，并有一种听之任之的心态。这样，即使与人交往，也不会被囿于他们的圈子，而会根据情况的需要采取合理的办法，保持中立的态度。这样一来，将会避免很多无谓的伤害和麻烦，也会避免与社交场合的往来过于亲密。

在莫拉丹的喜剧《咖啡馆或者新喜剧》的第一幕第二场中，莫拉丹对德·佩德罗性格的描写，将有关社交方面的设防或者节制交代得淋漓尽致，很值得我们一读。从这个意义上讲，社交就像一团火。智慧的人知道在烤火取暖时，与火保持一定的距离；而那些愚钝的人或许会直接把手放在火上去烤，在自己被灼伤后，落荒而逃，然后抱怨火焰的猛烈。

十

嫉妒是人自然的本性，同时它也是一种恶习，更是人类由攀比带来的不幸。它就像一个充满邪恶的魔鬼，在人类的生活当中肆意作乱，阻挡并扼杀人们去获得美好，追求幸福。塞涅卡为此曾写下优美的话语来教导我们："如果不去和他人攀比，我们应该为自己感到骄傲；但是，如果我们因为他人的幸福而备受煎熬，那么我们绝不会得到幸福。"

我们应该关注的，是那些生活得不如我们的人，而不是那些条件比我们优渥、过得比我们幸福的人。当不幸降临时，那些不如我们的人更需要我们的帮助。而对他们的帮助，也会给我们带来内心的宁静与安慰，虽然这安慰并不比嫉妒高尚多少。当我们看到那些和我们处境相同的人，心里就会找到平衡。这就是嫉妒的主动一面，在此，我不想过多赘言。

而关于嫉妒的被动一面，我们只需要记住一点就好：世界上没有哪种仇恨，会像嫉妒一样不可和解。所以，我们一定要谨记，千万不要刻意地去激起他人的嫉妒。因为嫉妒带来的后果真的非常可怕，所以我们宁可舍弃由它带来的享受，也不要在它的危险中受到伤害。

这个世上的贵族可以分为三种：一是源于出身和身份；二是源于巨大的财富；三是源于精神的强人。在这里，人们对精神贵族是最为认可的，认为只要给他们足够的时间，人们就会相信他们的高贵。腓特烈大帝很早的时候就说过："精神卓越的人可与帝王将相相提并论。"当所有的文职大臣和武将们在宴席上就餐时，伏尔泰却坐在了只有国王、王后和王子们才能坐的桌子旁。伏尔泰的所作所为令大臣们非常气愤，甚至耿耿于怀。这时，腓特烈大帝对他的御前大臣们说了上面的话。

无论哪一种贵族，他们的身边都有一大批被嫉妒烈焰焚烧的人。那些人背地里对贵族们拥有的一切怀恨不已，因为嫉妒已经让他们利令智昏。如果有一天或有一个机会，可以让他们无视那些贵族的存在，他们将会变着法地给贵族们以猛烈地回击，他们会以轻蔑的口气对贵族说："你也不过如此。"不过，他们的举动也暴露了他们的本来面目，告诉人们一个事实，那就是所有拥有荣华富贵的人，都要远离那些对他们拥有的一切眼红的人，并且不要与那样的人再来往，最好是在双方之间留下一道鸿沟。如果这样做仍然不奏效，那么就在交往中保持低调和从容。因为嫉妒者一旦发作，愤怒会让他们失去理智，而这是唯一能让他们安静的好办法。

十一

人们想要实施一项计划，总会在行动之前再三权衡，哪怕将所有情况都从头到尾彻查一遍，还是会觉得不够缜密。人们不得不承认，人类的认识还是有局限性的，总会有一些情况是我们无法预料到的。这些情况一旦发生，我们全盘计划就要落空，甚至作废。

这种想法虽然有些消极，但是它恰好提醒了我们，在面对重大事件时，不到万不得已，不可轻易作出决断，不能轻举妄动。但是，只要我们作出了决定，就不能再瞻前顾后，而应该积极地采取行动，让一切按计划发展，我们能做的只是静观其变。此时，最忌讳的就是对既成的事实翻来覆去地后悔，对并没有发生的危险忧心忡忡。与其那样无谓地担惊受怕，不如放下一切，就当所有的事情都在向好的方面发展，所有的不利因素都已不再重要。意大利人在这方面也和我们有相同的观点，歌德将它翻译成了德语："既然坐上了马背，那么就安心骑马吧。"事实上，歌德搜集的很多名言警句，都是来自意大利的谚语。

假如结局真的不容乐观，那么也要坦然地去面对，因为上帝也会偶尔给人类一点惩罚。就连这个世界上最有智慧的哲学家苏格拉底在处理个人事务时，也无法避免微小的差错，也需要依赖神明的警告。由此可见，人类的智慧并不是包罗万象的，总有一些地方是我们无法企及的。

有一位教皇留下一句格言："当我们遭遇不幸时，我们至少应该承担某种程度上的罪责。"这句话我们不能说它绝对的正确，因为每一种情况都有所不同，但至少在大部分情况下是千真万确的。由于人们对这句话蕴含的道理深有体会，所以人们往往故意掩盖自己的不幸，以一种事不关己的姿态，表示这些事与自己无关。实际上，他们这么做，只是不想让别人通过这种不幸推演出他们自己的不幸。

十二

当不幸发生，并且已经无法挽回时，我们不应该再抱有任何侥幸的幻想，更不该抱怨事情原本或许会有另外的结局。因为这样于事无补，只会增加我们的痛苦，令我们无法忍受。这时，我们不妨学一学大卫王。当他的儿子一病不起时，他便向耶和华行礼苦苦哀求，而当他的儿子去世后，他觉得所有的祈愿都没有了，都落空了，他便不再因那些事而伤心。如果一个人无法宽宥自己的过错，那么他就该好好地学一学宿命论，因为宿命论可以帮助人们跨过那道自己迈不过去的坎儿。相信所有发生过的事，都有它必然的结果，那是人力不可为的。

虽然这条规则有种种好处，但也有它的片面性。当我们遭遇不幸时，它及时给了我们宽宥和帮助，但是，如果我们一味地依赖于它的安慰，在自己犯错时不加以反思，将会给我们的行为带来更大的损失。那么，如何才能避免不幸的发生呢？我认为及时的反思和痛定思痛的总结，都是不错的办法。常言说，前事不忘后事之师，这会对我们将来的发展大有裨益。我们不该像从前那样轻易地原谅自己，或者企图掩盖甚至淡化自己的错误。相反，为了避免日后再犯同样的错误，应该承担起自己应负的责任，深刻吸取教训。虽然这样做我们会因自责而承受巨大的痛苦，但是，有句话说得好："一个没有被责罚过的人，不会有什么长进。"

十三

快乐和苦难，总是在我们猝不及防的时候结伴而来。对此，我们一定不要抱有任何幻想，也不要修建什么空中楼阁，因为那样的代价太过昂贵。我们可以对那些还未发生的、不确定的、可能性很小的不幸，未雨绸缪。但是，我们也不要总是臆想一些没有发生或者根本就不会发生的不幸，以免将自己那点可怜的勇气吓没了。有时候，这些担忧不过是空穴来风，是我们基于一种担心而强加给自己的想法。所以，我们应该及早地从这种幻境当中解脱出来，应该明白，所有的担心不过是一场梦幻，我们应该为现实当中真实存在的一切感到欣慰。

可是，我们的想象也不会无缘无故地发生，它们就如虚幻的空中楼阁，给我们带来恐惧。而搭建这座楼阁时，是梦幻般的不幸，虽然它还没有发生，但已经足以惊吓到我们。梦想夸大了不幸的存在，让它以恐怖的面目一步步向我们紧逼，而真相反倒变得不真实，扑朔迷离了。

即使我们醒过来了，也不能立刻摆脱这种幻想的噩梦。因为在现实面前，美梦也许会给我们留下一丝"梦想成真"的希望。

可是，当我们陷入噩梦般的想象中无法自拔时，只有恐惧带来的一步步难以摆脱的幻觉。当一切变得越来越有可能发生时，我们就会情不自禁地产生害怕的心理。

所以，对于那些可能为我们带来欢乐或者痛苦的事情，我们最好理智地去对待它们，借助理性的思维进行客观冷静的思考。这样一来，想象就成了一场没有判断力的游戏，在我们眼前只会是毫无实质的幻象，以及由它给我们带来的沮丧和不快乐。

当夜深人静的时候，我们更要时刻警惕这种幻象给我们带来的恐惧。因为，正如人在黑暗中会感到害怕、会觉得四周都是可怕的事情一样，不明了的思想更是如此。那种不确定性更容易让人产生不安，特别是在晚上，放松的思想早已削弱了我们的判断力，理智也变得疲倦而慵懒，对一切早已失去了探究本源的能力。

当我们夜里躺在床上时，神经的放松已经失去了判断的能力，这时，幻象就会乘虚而入。黑夜给一切事物都蒙上了黑色的面纱，看上去既模糊而又不真实。也因此，当我们在睡梦中醒来时，脑子里通常都是一些奇怪的想法和杂乱无章的情形，就像在梦中一样。当这些东西与我们个人相关时，就会戴上危险的面具，看上去阴森而恐怖。

当黎明到来时，所有在夜晚张牙舞爪的幻象都消失不见了。对此，西班牙有句谚语：“夜晚是有色的，白天是纯净透明的。”在夜晚，即使我们点上所有的灯，理解能力也无法像白天的眼睛那样，把一切都看得清清楚楚。所以，人在夜晚，是不适合进行严肃的思考，更不适合去想那些令人心里不舒服的事情的。而清晨则不同，它以清新、快乐、轻松的面貌迎接一切新的开始，更是毫无例外地适合人们去做任何精神上或者身体上的活动。我们在清晨会感到整个人都充满活力，全部能力都能够充分地发挥出来。

清晨是一切美好的开端，每一次苏醒，都是一次新生，为此，我们应该养成早起的习惯。而不是赖在床上，做一些无聊的事情，白白浪费了大好时光。我们应该将清晨看作生命的核心，保持一种全新而积极的状态。相比之下，夜晚则像人生中的老年阶段，看上去迷迷糊糊、无精打采。

不过，我们的健康状况、睡眠习惯、饮食、气温、环境等许多外在因素，都会给我们的情绪带来影响。而情绪的波动又会影响到我们的思想，所以，很多时候我们对事情的看法，以及能力的施展都与此相关，都会受到时间、地点的限制。由此看来，心态的调整对一个人很重要，就如歌德所说："留意那良好的心态，因为它们极为罕见。"

对某些纯粹客观的概念和原创的思想，我们无法预知它的到来，更不能左右它的存在。这就像我们在规定的时间里去考量一件事，虽然做了很多预设，但始终无法获得对它的正确认识。它们会选择适合自己的时间来临，也只有到那一刻，与事情相关的一切才会豁然开朗，我们也才能真正地融入其中。

对一个人想象的约束，也是对他以前所经历的一切回忆的约束。因为那些曾经遭受的不公、伤害、损失、侵犯、轻蔑、羞辱等回忆，会让人心生不满。如果再经过幻想的大肆渲染，就会重新激起人的仇恨，也会让心灵再度被玷污。

普罗克洛斯一直标榜自己是新柏拉图主义者，他有一个著名的比喻：在每一座城市里，都住着高贵、卓越的人，以及各种下等人。同样，不论是在下等人那里，还是在高贵、杰出的人那里，都存在人性，甚至动物性中最卑贱下流的东西。但是，在人们的意识中，下等人是被鼓动起来惹是生非的人，他们被限制不允许从窗口往外张望，只因为他们看上去充满仇恨。那些肆意无序的想象，正是这些下等人不公正待遇的煽动者。

另外，那些反感实在微不足道，不管它是对人还是对事。如果太把它当一回事，并以强烈的色彩大肆渲染它，那么，这种情绪就会无限膨胀，我们对此将会无计可施。对于那些不快乐的负面情绪，最好的办法就是平和、理智地去看待它，这样我们才有可能去接受它。

当我们的眼睛被东西遮挡时，哪怕是极小的东西，视野也会受到影响，同时我们面前的世界也被遮蔽。相同的道理，离我们最近的人和事，就算它们看上去毫无用处，与我们没有丝毫关系，但是，只要它引起了我们的注意，引进了我们的头脑中，那么，我们之前所有重要的想法和想做的事情就会受到它的干扰。所以，我们必须抵制那些毫无意义的小事，避免它给我们的生活带来恐慌。

十四

当人们看到某件东西是自己没有的，往往会冒出这样的念头：“这件东西要是我的该多好。”于是，这件东西就让我们有了缺失感。其实，我们完全可以换一种想法：“这件东西不是我的会怎么样？”很多时候，我们应该换一个角度去思考问题，想一想在失去我们现在拥有的一切后，我们该怎样去做。当然，生活中的很多东西都是这样，如健康、财富、朋友、亲人、猫和狗等常在我们身边的东西，因为人们总是在失去某些东西后，才懂得它们的价值，才后悔没有珍惜。

如果人们能够记住这份忠告，就会为现在所拥有的一切感到幸福。并且会在一切损失和灾难没有发生之前做好预防，以避免我们的钱财遭受损失，我们的朋友离我们而去，我们亲人的忠诚受到动摇，我们的健康受到侵害。我们常常对生活中已经发生的不幸抱有幻想，总是希望会出现对它有利的一面。其实，希望和失望总是结伴而来，当我们的想法被现实的残酷碰撞得体无完肤时，一切幻想也都烟消云散了。

事实上，一个人在计划做某件事情时，应该从正反两方面去考虑。当计划无法完成时，应该有补救的措施来阻止可能会发生的一切不利后果。当然，如果一切顺利，我们也不要窃喜，因为生活中总是有些东西无法预料，偶尔的担惊受怕并不一定就是坏事，它可以让我们的精神更加振奋。为了避免我们在现实生活中无法承受可能遇到的挫折，哪怕是极为微小的不幸，我们必须时刻保持警惕。只有这样，在面对灾难时，才不会恐慌。

十五

生活中的很多关系和琐事都是独立存在的，假如不是按照次序和联系来划分，它们就会以各种形态蜂拥般呈现在我们面前。

它们唯一的共同点就是：它们是我们的事情。因此，我们在考虑、处理它们的时候，一定要做好分门别类，这样才会干净利索、恰到好处地解决问题。

因此，我们在准备做一件事情的时候，一定不要三心二意，也不要让其他无关紧要的东西来干扰我们的思维。我们暂且将那些无谓的东西放在一旁，就好像给它们找一些小抽屉，当我们打开其中的一个抽屉时，其他的抽屉是关着的。这样，当我们为一件事情操心费力时，就不会失去其他的乐趣，我们的生活不会变得无章可循，也不会发生张冠李戴的错误，更不会因为计划重要的事情而忽略那些细小的事情。一个拥有高尚而深刻思想的人，是不会允许自己的时间完全被那些个人琐事和无聊烦恼占据的。因为他们清楚，自己是不会为了活命去毁掉自己的生活目标的。

为了让我们在做事情的时候能够收放自如，必要的自我约束还是需要的。因为，每个人只有能承受来自外界强大的束缚，生活才不会受到干扰，才会让我们避免受到其他更多的束缚。这就好比两个同心圆，小圆总是要比大圆更靠近圆心，而大圆总会比小圆大上好几十倍甚至好几百倍。事实上，没有什么比自我约束更能帮助我们来摆脱外界的束缚了。塞涅卡有一句名言：“如果你想让一切听命于你，那么，你就要先听命于理性。”

诚然，最好的办法，就是我们可以将自我约束控制在我们的能力范围之内，或者鉴于某种情况对它进行适当的调整。但是，来自外部的束缚则不同，它不会顾及我们个人的感受，只是一副按章办事的冷冰冰的面孔。所以，有效地加强自我约束，最大可能地规避外部的束缚，不失为明智之举。

十六

为了避免不切实际的奢望给我们的生活带来灾难，我们有必要为自己的期望设立一个目标。这就好比给骏马套上缰绳，以免它疯狂乱跑。事实上，我们应该时刻牢记：世界上所有美好的东西，每个人能得到的只是微小的一部分。如果你得到了不该得到的，必然要为此付出代价，因为物极必反。所以说，断念和忍受，是我们必须遵守的法则。如果有人无视它的存在，必然会遭受许多的无妄之灾。即使是财富和权力，也无法填补他们精神上所遭受的打击。为此，贺拉斯说：

> 在你的所作所为中，要坚持阅读，请教智者，
> 这样才能让此生过得无忧无虑，
> 才能免受对无用之物的永恒贪念、
> 顾虑和期望所带来的折磨。

十七

“生命在于运动。”这是亚里士多德说过的众所周知的道理。而我们的肉体生命，也的确需要在不停的运动中，才能更好、更健康地存活。同样，我们内在的精神生命也需要不停地思考、产生新的想法，来促进思想的更新，精力的充沛。一个头脑简单的人，如果不想整日无所事事，就会寻找一些工具，用动手敲敲打打这

种运动方式，来达到锻炼自己的目的。人类的生存是生生不息的，一旦无事可做，空虚就会乘虚而入，我们要么被它折磨得无比痛苦，要么学会无声地忍受。所以，一个人从事某项活动，并借此取得了什么成就，或者学到了某些道理，对他的幸福是大有好处的。因为他可以按照自己的需要去发挥自己的能力，并对结果有所期待。

当我们去做一件事情的时候，不管这件事是创造一件艺术品，还是创作一本书，甚至是一件手工艺品，都将给我们带来巨大的成就感。当我们亲眼见证一件作品在我们的手中逐渐完善并最终完成时，我们会收获满满的幸福感。这件作品越高级，我们获得的喜悦和幸福感也就越强烈。

对于那些天生聪慧的人，他们的能力可以创造出世界上最伟大的作品。人们可以通过他们的作品，发现他们生命中与众不同的高雅爱好，这种爱好使他们享有常人没有的趣味和快乐。与他们相比，普通人的生命就显得空虚乏味了。这些智慧卓越的人，他们的世界里早已剔除了所有庸俗而物质的东西。即使身处困境，只要给他们一丝喘息的机会，他们也会全力以赴地去搜集那些能成就他们高雅追求的素材。

另外，这些智慧卓越的人都拥有双重身份：一方面，他们像普通人一样处理日常生活中的各种关系；另一方面，他们要去完全客观地理解事物。因此，他们是观众同时也是演员，而普通人只是演员罢了。

每个人都应该根据自己的能力来做一些事情。如果一个人无事可做，或者没有什么正经事可做，将是十分悲哀的。这就好比一个人去长途旅行，一路上，他会因为心中没有渴望见到的风景而迷茫，他甚至感觉不到旅行的快乐，因为他没有想要去做的事。

一个人只有努力做事，与困难搏斗，才会感受到生活的意义。这就好比鼹鼠，通过不停地打洞寻找到生命的价值和乐趣。如果一个人长期沉浸于享乐，便会觉得生活就是无忧无虑的样子。岂不知这种生活就像一剂慢性毒药，会摧毁人的意志。一个人如果能克服生活中的诱惑和困难，也就找到了获得生活乐趣的能力。这些诱惑和困难可能是物质上的，如做生意和赌博；也可能是精神上的，如学习和研究。

一个人要具备与困难作斗争，并最终战胜它们的能力，如此，他才会获得快乐。假如他没有这样的机会，那么，他应该以自己的能力去创造机会。为了逃离沉闷的生活，会根据自己的个性和能力去安排相应的活动。他有可能去狩猎，也有可能和朋友一起去参加各种游戏。或者被自己本性中那些从前没有发现的意识所引诱，策划一场阴谋，或者参与各种坑蒙拐骗的事情。总之，人是不能无所事事的，有句谚语说得好："一个人在闲暇时是很难安宁的。"

十八

人们总是习惯把想象中的景象，作为行动的航标灯，而不是去选择那些早已清晰认识了的概念。那些最终形成的决定，通常都是出自想象的图景，而并非他们的概念和判断，这恰好代表了人们在两种选择中的一种。

记不清是伏尔泰还是狄德罗的小说，里面的男主角是一个青年，像赫拉克利斯一样站在十字路口。美德则打扮成他那老迈的家庭教师的模样，左手拿着一个烟盒，右手拿着一小撮烟丝，嘴里絮絮叨叨的。而他母亲的侍嫁婢女相反却是恶习的化身。在青年时代，我们总会将幸福的目标固定在一些特定的景象上，这些景象会时时浮现在我们眼前，甚至终其一生都无法释怀。实际上，它们是上帝派来的幽灵，只为戏弄我们的人生，因为每当我们想要触碰它时，它都会消失得无影无踪。我想，它们根本就没有能力去实现什么，所以才会瞬间消散。

这种情形常常在一些特定的场合出现，如家庭生活、社会生活、国家大事，还有寓所。它们以荣誉奖牌、敬重的图像，甚至爱人的形象这种方式出现，在我们的脑海中挥之不去。因为它们触手可及，与概念的抽象性相比，它们直接影响我们的思想。因此，这些生动形象的景象，作用是显而易见的。而那些概念，因为没有具体的、富有现实意义的形象，所以只能间接地作用于我们的意志。但是，所有的景象最终都要被概念所掌握，因此，在教育中，人们只相信概念。虽然概念有时也需要用图像来加以说明和解释，但那毕竟只是很微小的。

十九

以上观点，也可以归入下面这些普遍的规则之下：我们要随时驾驭好当下的印象和一般的直观认识。这些印象与直观认识，与我们思想中的纯粹的认识完全不同，我们无法掌握它原本就非常少的实质性的内容。但是，它们的形式以直观性的方式，直接侵入人们的心灵，从而扰乱心灵的安宁，或者阻止心灵的正常决定。因为对当下存在的东西的印象是直观的，可以说是一目了然的，每次它都会使尽浑身解数来发挥它的作用。

与之相反，思想和道理是经过人们不断研究得出的成果，它们需要时间的沉淀及适宜的环境，不可能在当下片刻的时间里就能得到。比如，我们已经下定决心放弃一个自己特别倾心的东西，可是，当我们再见到那个东西时，还是避免不了被它所吸引。

人的判断力是如此的脆弱，而我们还不能清楚地认识到它的无能。就如我们已经认识到一个人的举动是卑鄙下流的，却还是会为它动怒。这些现象足以说明，在我们生活中起作用的，并非理性。女人在这样的事上表现得尤为明显，而男人，也极少有谁能够具备这种理性，更别说去抵制印象对自己的迷惑了。

既然无法通过纯粹的思想来战胜某些印象对人们产生的作用，那最好、最有效的办法，就是借助与它相反的印象对它进行还击。比如，我们知道哪些人对我们产生反感，就可以远离他们，而选择与那些喜欢和赞赏我们的人在一起。

要想移除头脑当中给我们带来危险的恐吓，唯有借助想象化解危机的办法。莱布尼茨在《新章》中谈到了这一点，一个被囚禁的意大利人，就是运用这种办法，忍受了严刑拷打的痛苦。当他被折磨得生不如死时，他不断地在脑海中想象着绞刑架的样子，并且不断地告诫自己，不能坦白，否则只有死路一条。所以，他不断地在痛苦中高喊："我看到你了！"这是他事后告诉人们的。

一个人要想坚持己见是相当困难的。当周围的人与我们的意见相左，并且自行其是时，尽管我们明知道他们是不对的，却很难做到不受他们影响。这就好比一个逃亡中隐姓埋名的国王，当那些忠心耿耿的大臣在不暴露国王身份的情况下，依然对他恪守礼节、尊崇有加，那么，这无疑是对国王莫大的鼓励。正是大臣们的行为，让国工最终没有忘记自己的身份。

二十

在第二章中，我已经强调过了健康的重要性，它在构成幸福的要素中排在第一位，也是弥足珍贵的。在此，我想再讲一下保持和巩固健康的一些概括性的行为准则。

如果健康允许，我们可以让身体或者身体的某些器官适当地承受一些劳动和锻炼，从而提高自身免疫能力，抵制各种不利因素对身体的侵袭。但是，如果我们感到整个身体或者身体的某个部位不舒服，我们就要懂得采取相应的措施，用最好的办法来爱护、休养我们的身体。因为有病的身体是没有能力再进行锻炼的。

加强肌肉的锻炼可以让身体更强壮，但神经则不同，过度紧张只会让神经变得更脆弱。因此，我们可以进行适当的运动，来锻炼自己的肌肉，却不能让神经过于疲劳。同理，我们要保护我们的眼睛，就不要让它受到强光的刺激，特别是反射光，更不要在黑暗中使用眼睛，也不要长时间地盯看太小的东西。同样，我们也要爱护我们的耳朵，避免噪声的强烈刺激。

尤其值得我们注意的是，不要持续地过度用脑。高强度的思考，会损伤我们的脑细胞。所以，在我们吃东西的时候，一定不要去想事情，而是要让我们的大脑得到休息。因为，原本在我们大脑中孕育思想的动力，此刻正在五脏六腑中紧张劳作，为人体消化和分解食物。同样的道理，我们在进行大运动量的活动后，也要让大脑得到充分的休息。因为运动神经的运行与感觉神经是一样的，这就像我们受伤时，身体四肢会感到疼痛，而疼痛的位置实际是在大脑中反映一样。由此可以得出，看上去是手脚在工作、走路、做事情，而实际上是大脑在支配一切。大脑中负责工作和走路的神经，会通过延长神经和脊髓，刺激四肢的神经来运动。所以，当我们的身体感到疲乏时，实际是我们的大脑需要休息了。

肌肉只有在随意运动并听从大脑的指挥时，才会感觉到疲倦。而像心脏这种非随意运行的器官，就不会有这样的情况。如果我们勉强自己在做剧烈的体力运动的同时紧张地用脑，或者强行让这两种活动交替进行，那么无疑我们的大脑将会受到伤害。

但是，我们在散步时，或者在遭遇短暂的不幸之后，却经常会感到精神上的兴奋。在这里，我认为一方面是大脑中支配四肢的部分还未出现疲劳；另一方面是散步这种轻松的体力运动，增加了呼吸的活力，促使动脉中的血液将更多的氧气输送给大脑。这一点和我们上面提到的观点并不矛盾。

不过，最为重要的是，我们必须保证足够的睡眠，这样才能让大脑得到充分的休息。而睡眠对人的重要程度，就如发条对钟表的作用。发达的大脑，活跃的精神，都需要足够的睡眠来支撑。

不过，睡眠也有它的限度，超过了，就是在虚度光阴了，因为睡眠的意义在漫长的时间中被浪费掉了。

我们都知道，人的思维活动不过是大脑的一种有机活动，在运动与休息上与别的有机活动没什么区别。就如我们过度用眼就会让眼睛受损，大脑思考时，就像肠胃在消化食物，它们的功能是一样的。

有人认为人的心灵是非物质的，也是单纯的，它简单地寄居在大脑当中，对外界的一切毫无所求，只是不断地思考，所以它是不知疲倦的。其实，这是一种错误的观点。这种观点将会诱使人们利用精神的力量去犯错，并且会让人变得越来越迟钝。最好的例证就是，腓特烈大帝曾尝试完全戒除睡眠。而事实证明那是错误的。作为一名哲学家，千万不能手持宗教的道德教义，像一个老妇人一样，编排一些只符合宗教教义的哲学，为那种错误推波助澜。

如果我们能将精神能力当作生理机能那样去重视，就如身体上的病痛、磨难、紊乱，无论发生在哪个部位都会影响到我们的精神一样，那么，我们就会很好地处理精神活动中产生的问题，就会更加珍惜并努力挖掘精神的能力。卡巴尼斯的《论人的生理和道德之间的关系》最能让我们领会到这个道理。

有很多伟大的哲学家和学者，在年老时都显现出智力衰退、如孩童般幼稚可笑，甚至精神错乱。19 世纪英国最著名的诗人司各特、华兹华斯、骚塞等在 60 多岁时，就已经变得精神迟钝了，有的人甚至患上老年痴呆症。对此，我们只能将其解释为：在他们精力充沛的年轻时代，无法抵御高额稿酬的诱惑，将写作当成了一门赚钱的生计；也许只是出于自身的追求和爱好，夜以继日地写作，透支了身体，违背了人类自然的生命规律，所以，到老年才会付出如此沉重的代价。

那些给珀伽索斯套上枷锁、用鞭子驱赶缪斯的人，就像强迫维纳斯去提供性服务一样，都将会受到命运的惩罚。我甚至怀疑，康德最终成名后，在其生命的最后几年中拼命工作过了头，才导致他生命最后的 4 年反倒变成了他的第二个童年。

我们的健康状况和身体状况，甚至我们的精神状态，都与一年中的每个月有着一种奇妙而直接的联系。换句话说就是，我们每个人的自身状况，总会随着天气的变化而有所变化，只是我们很多人没有意识到罢了。

第三部分　我们对他人的认识

二十一

我们只有具备了先见之明和容人的雅量，才能在这个纷繁的世界生存下去，才能获得属于我们的幸福。有了先见之明，我们才能规避风险和伤害；有了容人的雅量，我们才会拥有朋友，才能避免不必要的纠纷和吵闹。

一个在人群里讨生活的人，是绝对不可以轻易抛弃任何一个人的，哪怕这个人很卑鄙、很无耻、很可笑，只要他是命运所设定或给予的，我们都不能轻视他。我们可以将这个人看作不可改变的人，遵循着永恒的形而上的定律，他就应该是现在这个样子。当事情变得更糟糕时，我们甚至可以这样安慰自己：“林子大了什么鸟都有。”如果不是这样，可能就要发生一场拼死搏斗了，岂不更没有道理。一个人的真实品性，包括道德品质、智慧才能、脾气秉性、气质容貌等，都是与生俱来很难改变的。如果我们要对一个人进行批评，就要准备好将它当成死敌，进行一场生死较量。否则，我们很难改变一个人，除非在他变成另外一个人后，我们才会承认他拥有的生存权利。

正因为这样，要想在人群中讨生活，每个人都应该保持并发挥自己的个性，不管这个个性是什么样子的。我们可以根据这个人独特的个性和处事风格，对他加以利用。事实上，我们无法改变别人，那么我们最好也不要诅咒他。记得有句箴言：“自己活，也让别人活。”这个难题如此来解决，虽然做起来有时并不情愿，但听起来合情合理。

一个人要想获得幸福，就要想办法避开那些奇葩之人；一个人要想从别人那里学到长处，就要拿那些死物作为训练自己的对象。因为只有死物，才会以其机械的和物理的必然性，顽固地违抗着我们的意愿，这样的机会每天都有。我们可以把从死物身上练就的耐性，转而运用到活人身上。我们甚至要学会这样看问题：别人之所以会长期与我们作对，完全是因为他们本性中那些必然的东西驱使他们不得不那样去做，这与死物运动的必然规则完全一致。所以，有时候对脚下滚动着的石头发怒，简直就是愚蠢至极。

二十二

人与人之间，无论在精神上还是在气质上，都有所相同，也有所不同，这一点，从相处的每一个细节或者从交谈中都能感受到。人们在谈论一些陌生或者与双方都不相干的话题时，由于双方是完全不相同的两个人，那么其中一个人所说的话，有时会让对方多多少少感到不满，甚至会生起气来。可是，如果两个人互相认可，彼此觉得很投缘，那么，他们之间的谈话就会变得很和谐，甚至可以得到彼此的赞同。由于两个人的本性相近，他们甚至可以很快就彼此心意相通。

这就可以解释那些平庸之辈为什么在社交活动中大受欢迎了。因为在大家眼里，平庸之人没有脾气，通情达理，正直善良，惹人喜爱，很容易就能与大家结为好友。而那些思想卓越的人则正好相反，越是优秀的人，个性越强烈，在社交场合越不招人待见，因此，人们见到的常常是形单影只的优秀者。但是，只要有机会遇见恰好与他们脾气秉性相投的人，哪怕他们的相同之处仅为一点点，他们也会欣喜若狂。因为每个人在人前所表现出来的，几乎都是他真实的本性。只有那些真正具有伟大精神的人，才会像雄鹰一样翱翔苍穹、筑巢高山。我们接下来就会发现，那些趣味相投的人很快就能成为知己，就像他们之间互相有着强大的吸引力一样，这也应了那句古语“海内存知己”。

不过也有一种人，他们思想低俗，品质恶劣，因为彼此臭味相投而互称知己。这样的人到处都是，并不为奇，反倒是清丽脱俗的人，在这个世上可谓凤毛麟角。在一群谋利贪婪的人中，如果两个流氓不期而遇，他们会瞬间成为知己，并以谋划某件大事做幌子，为了实现彼此心中的阴谋诡计而携手合作。

我们同样可以这样设想，一群思想深刻、精神富有的人组成一个团体（现实中不会发生），可是，却有两个蠢蛋混了进来。这两个蠢蛋会为遇到彼此而发自内心地高兴，他们甚至惺惺相惜，认为自己总算遇到了懂得自己的知己。两个在道德和理智上都很低俗的人，在一个团体中第一眼就能吸引对方，并喜出望外热情地互相靠近，仿佛他们是相识已久的老朋友了。人们对这种情形会感到非常的惊讶。其实这种事十分罕见，以致人们不得不借助佛教轮回转世的观点来让自己相信：他们上辈子就已经是好朋友了。

现实生活中，哪怕两个人之间十分默契也会彼此分明，甚至还会发生短暂的不愉快。因为两个人所处的环境、职业、身体状态、瞬间的思想等毕竟还是不尽相同的。由此可见，即使两个看上去相处和谐的人，也会产生不尽如人意的小分歧。

为了解决两人相处时存在的问题，就要适时地做一些调整，营造一种共同的和谐氛围，这是具有最高水平的教化才能做到的。如果一个险情、一个希望、一个信息或者一处美景，乃至一部戏剧、一首乐曲等客观存在的东西，能同时对两个人产生相同的影响，在共同的和谐氛围中，共同参与，感受快乐，那么社交就会变得丰富多彩、趣味盎然。如果人们能够保持一个共同的情绪，那么对社交活动将是大有裨益的。因为只有相同的东西才会战胜个人的私利，最终营造出一个和谐的氛围。如果没有这种客观的作用，那么就只能依赖个人的能力了。所以，人们为了给聚会营造一种共同的氛围，往往会在聚会中喝点酒来助兴，有时也可以是茶或者咖啡。

不过，人与人之间短暂的情绪差异，会在聚会中引起不和谐的声音。正是这种不和谐，将我们从那种瞬息即逝的情绪干扰中解脱出来。这样，保留在记忆中的每个人就被理想化了，甚至被我们粉饰了。记忆如同照相机中的聚光灯一样，将所有的东西都吸纳进去，然后再呈现出来的，是比原来还要漂亮的图像。

要想得到上面所说的好处，让别人记住我们的好，适当地在别人眼前消失也不失为一个好办法。这样，别人就会只记住我们美好的一面，不过，这需要的时间可能会长一些，但美化的工作却从你失踪的那一刻就开始了。所以，一个人要想让别人美化他，就要在间隔明显的一段时间之后，再出现在他的朋友或熟人面前。他会发现，借助记忆的美化功能，他在别人的眼里已经变得很美好了。

二十三

人总是看到自身的长处，而忽略别人的优点，所以，他们常常以自身的理智和能力为标准看待别人。如果这个人是低俗的，那么，即使别人的精神十分崇高伟大，也不会对他产生一丝一毫的影响。相反，别人的伟大反倒折射出他自身低俗、野蛮的智力缺陷和性格缺陷。别人在他那里可以重新组装，别人卓越杰出的精神禀赋在他那里可以被忽视不见。因为一个精神极度贫乏、低俗的人，是看不见比他优越崇高的精神的。而他对别人价值的评价，也只是在他认知的范围之内。

我们在与别人的交往中，总是会不由自主地把自己与对方放在同一个水平上，也因此常常导致我们将自己优于别人的地方忽略掉，甚至产生了自我否定的心态。事实上，我们深知很多人的思想都是低俗不堪的，他们禀赋贫乏，精神荒芜，只是我们在与他们那样的人打交道时，不得不让自己降低身份，来迎合他们的庸俗，以免引来不必要的麻烦。我想，这就是“屈尊纡贵”这个词的真实写照吧。

为此，我们甚至想回避社交。因为我们内心深处讨厌自己在社交当中的低俗，讨厌按照本性中最卑贱的方式来与他人交流。或许在碰到一些傻瓜时，我们还有一种办法可以让他们认识到我们的真实水平，那就是保持缄默！当然，人有时是耐不住这种寂寞的，当他身处一个社交场合，就像一个舞技高超的舞者来到了舞池当中，总想高喊一声“谁能与我共舞”。

二十四

人有时为了吸引别人的目光，或引起别人的注意，总会故意弄出一些声响，而人们也会很快被他吸引。如果一百个人当中有一个人闲坐在那里没有动，甚至都没有拿起手边的东西，那么这个人是值得我们尊敬的。也许这个人正在思考一些事情，但是，对那些喜欢看热闹的人来说，看热闹远比思考更重要。所以，那些看热闹的人总是睁着眼，竖着耳朵，时刻密切关注周围发生的所有事情。

二十五

我们在社交活动中，只有一个选择：获得别人的尊重，或者是喜爱。对此，罗瑟弗卡有一句名言：“崇敬一个人的同时又喜欢他，是很难做到的事情。”

喜爱的方式是多种多样的，但其中总隐藏着自私自利的情感。而我们让人喜爱的东西，也不会优秀得可以让我们感到骄傲和自豪。在通常情况下，一个人受人喜爱的程度，与他对别人精神和心灵的要求是相等的。并且他的所作所为必须是发自肺腑的、是自愿的，而不是因为要容忍某个人的装模作样。因为宽容超越了底线，就等同于歧视。爱尔维修很早就在他的格言中说：“做一个正直的人，就必须把灵魂的高尚与精神的明智结合起来。”

以上说过了喜爱，下面再来说说尊重。

在社交活动中，很多尊重不过是一种虚情假意的逢迎，也可能是来自意志的强迫。因为别人对我们的尊重与我们自身的价值有关，所以更能给我们带来心理上的满足感。但喜爱却恰恰相反，它是主观的，与我们的价值没有丝毫联系。

二十六

很多人都是活在主观意识当中的，他们只关心自身的那点东西，因此，对别人的话也特别上心。哪怕别人说的事情与他们只沾一点点边，他们也会抓住不放。他们无法理解那些有关客观事情的谈话，当有些道理与他们的兴趣和虚荣相互冲突时，他们就会觉得那些道理实际上是没有一点道理的。由于他们太在意别人的看法，所以他们会更容易受到伤害和冒犯。

当我们和这样的人打交道时，不管谈论的事情是什么，都要谨慎行事，避免所谈的内容牵扯到他们。因为他们会把那些话记在心里，哪怕只是无关紧要的只言片语。而当他们面对那些有卓识远见的人时，却对那些可圈可点的话语置若罔闻。因为脆弱而敏感的神经在作怪，他们时时注意那些可能给他们弱小的心灵带来伤害的话语，虽然那些话与他们没有丝毫关系。他们就像被人无意中踩到爪子的宠物，冲人们号叫；又像浑身肿胀的病人，让人不敢触碰。

还有一些人，在和别人交往的过程中，他们的缺点和毛病暴露无遗。当别人对他们表示出善意的忠告和劝阻时，他们会认为那是对他们的蔑视和侮辱。他们也许不会当场发作，但是会把这些话记在心里，等待发作的时机。对于那些社交场上的新手来说，成为别人眼中钉、肉中刺绝不是想要的结果，无疑是最大的灾难。

同样，要奉承这样的人，赢得他们的好感也不是什么难事。因为他们从不会对一件事情给出合情合理的判断，他们的意见不过是剽窃别人的观点，只能代表他们那个阶层或者小圈子的偏见。而造成这一切的原因，不外乎他们的意志控制了他们的智商，远远超过了他们的认知。

这些人的主观性，让他们把所有的事情都和自己扯上关系，把每个观点都强加在自己身上，这与占星术极其相似。占星术从天体的运行臆想到人类的生存，并且把天空中的彗星与尘世的琐事联系在一起。

二十七

精神高尚而又充满智慧的人，是抵制庸俗与谎言的。可是，它们却往往堂而皇之地出现在社交或者文学作品中，以荒谬、荒唐的面目蒙骗世人，并且很难被驳倒。对此，有些人表示出灰心，认为这个世界无药可救了，其实人们大可不必如此悲观。因为澄清事实需要一个过程、一定的时间。人们会对这些事进行审查、斟酌、思考、商议，并最终给出正确的判断。人们需要做的就是耐心等待，而根据事情的难易程度，真相最后都将大白于天下。对于那些当初一眼就看穿事情真相的明眼人，这样也算是一个安慰。

很显然，一个聪明人的认识会是正确的，但是，这世上毕竟还有那么多平凡的普通人会被迷惑。这就好比在一个城市的塔楼上有一座大钟，钟的指针都不在正确的位置上，但是，人们却相信它显示的时间是准确的。只有那些智慧卓越的人知道，他们自己的钟表给出的时间才是正确的。可是，面对被大钟时间所左右的普通人，他们又能做什么呢？只有无可奈何地叹息。

二十八

我们不能像纵容孩子那样去纵容别人，使他们增加胡作非为的筹码。迁就和纵容，会将他们推向罪恶的深渊。就如我们在一般情况下不借钱给朋友一样，因为不借，我们并不会失去这个朋友；反之，却会很容易就失去了他。同理，朋友不会因为我们太高傲，或者某些地方对他的疏忽离我们而去；相反，他们会因为我们的友善、客气、谦逊而变得忘乎所以，甚至最终导致友谊的破裂。

很多人都认为自己对别人很重要，狂妄与傲慢也就由此产生。在社交中，一旦我们与某些人交往密切一些，或者对他们表示信任，他们就会产生自高自大的幻觉，并认为我们在很多事情上必须包容他们。他们试图超越礼貌的界限，并不再尊重我们。所以，社交中适合我们深交的人凤毛麟角，我们应该避免和那些品行低俗的人交往。不过，总是有人坚信，他们对我们的重要性要比我们对他们重要得多。他们会觉得我们从他们那里学到了很多东西，并寻找机会试图重新拿回去。

我们在与人打交道的时候，要心怀坦诚，因为我们不需要从别人那里索取什么。我们尝试让对方明白这一切，并让他们知道，他们对于我们并不那么重要，可有可无。不论是男女朋友还是普通朋友，只有做到这一点，友谊才会长久。

当然，我们在与大多数人交往时，偶尔流露出一些不屑的表情，也不会伤害到他们，反而会让他们更加珍惜这份情谊。意大利有句谚语“谁不尊敬别人，谁就会得到别人的尊敬”。但是，如果一个人对我们特别重要，我们就应该收起我们的不屑，对他表示出应有的尊重。这样说可能会让很多人感到不舒服，但这是颠扑不破的真理。因为，没有哪一条狗可以担得起伟大的友谊。

二十九

事实上，那些品德高尚、天赋过人的人，他们在年轻时是很单纯的，他们对人情世故毫不知晓，所以也更容易上当或误入歧途。而那些本性粗俗的人，却深谙为人处世之道。因为，在人们对某些事情缺乏经验时，总是以先天的认识来作判断，并且经验常常无法与这种先天的认识达到同一高度。

对于那些粗俗的人来说，他们具有的先天认识就是人不为己天诛地灭。但那些品德高尚的人不这么认为。在他们眼里，人之初性本善。正是这种先天认识的不同，才使他们远远有别于他人。所以，他们常常按照自身的标准，对别人的思想和行为作一些批评和指正，结果却与想法背道而驰。

不过，那些品德高尚的人，最终也学会了人情世故，通过别人的教导和自身的经验，他们知道该对什么样的人抱有什么样的期待。而他们如果不是出于现实情况的考虑，将会对 3/4 的人避而远之。因为这些人无论是道德上还是智慧方面，都与他们相差甚远。即便这样，那些品德高尚的人也没能看清那些卑鄙小人的真正嘴脸，不得不在生活中努力地去完善对小人的认识。可是，明枪易躲暗箭难防，失算也是在所难免的。虽然他们在不断地吸取教训，但是，仍会在社交中结识一些新人。在与这些新人交谈时，他们会惊讶于这些人理性、健康、耿直、积极、有礼貌、聪明伶俐又见多识广的谈吐和气质。

实际上，他们不该对此感到惊讶，因为这个世界并不需要蹩脚的诗人。只有幼稚的蹩脚诗人，才会在作品中将流氓和傻瓜写得笨手笨脚。就像诗人站在他所描写的人物背后一样，不停地在否认人物的思想和语言，并警觉地大声喊道："这个人是流氓，是傻瓜，我们不要理睬他说的话。"

相反，莎士比亚和歌德在这方面做得就比较自然，在他们的作品中，不论是人还是魔鬼，所说的话都入情入理，一举一动都合乎自然规律。因为他们在作品中对人物客观的把握，使我们被剧情深深地吸引，常常入戏很深。

因此，不要总是期望看到长角的魔鬼或挂着铃铛的傻瓜。如果谁不能改变这种观念，谁就会成为别人的猎物和玩物。人与人打交道，就像月亮挂在天空中，总是露出一面给人罢了。生活中，每个人都是演员，给自己戴上不同的面具，让人看不清他们的真实面目。久而久之，这副为人们量身定做的面具就像长在了他们的脸上一样，他们戴着面具奉承别人，戴着面具迷惑别人。意大利有句谚语："没有哪条凶残的狗不会摇尾巴。"

所以说，无论在什么情况下，我们都不要对新结识的人给予过高地评价。否则，蒙受耻辱甚至受到伤害的一定是我们。实际上，只要我们稍加注意，就能从一些小事上得知一个人的性格特征。

塞涅卡说："一个人总是不留意那些细枝末节的东西，正是这些细枝末节显露了他的本性。"通常情况下，只要我们稍加观察，就会从一个人的行为、习惯等细节处，发现这个人具有的是什么样的性格，即使他把自己隐藏得很深，也无法否认事实的存在。

不过，这种情况通常是我们用来防范那些卑鄙小人的办法。

在日常生活中，总会有一些琐事是法律管不到的。人们在处理这些鸡毛蒜皮的小事上的态度，体现了一个人的品质和德行。有些人专门利己，以自己的利益和好处为主，不但拿别人的短处说事，还以权谋私，将大家的东西据为己有。这样的人，毫无公平正义之感，一旦失去了法律和权力的约束，他们将变得厚颜无耻，甚至会变成一个十恶不赦的恶棍。我们要时时提醒自己远离这种垃圾人，以免引狼入室。一个人如果不尊重他自己生活圈子的规则的话，那在他认为没有危险的情况下，也不会尊重国家的法律。

如果在我们生活的圈子里，有人常常让我们感到不舒服，甚至生气发怒，那么我们就要冷静地问问自己，这个人是否真的很重要。否则，我们完全没有必要一忍再忍。毫无底线的容忍和原谅，是在把昂贵的经验弃而不顾。假如这个人对我们很重要，那么我们就要尽到及时告诫的责任。不过，也许这些人并不领情，反倒会没完没了地找我们的麻烦。如果这个人对我们并不重要，那么，我们可以干净利落地与他断交。就算他是我们身边的用人，也要尽快将他辞掉。因为，就算他向我们保证不会再发生同样的事情，但当同一情况再次发生时，他仍然会重蹈覆辙。

一个人可以忘掉任何东西，但他绝不会忘掉自己的本性，因为江山易改本性难移。实际上，每个人的行为都在遵循内心的原则，让我们在相同的处境下采用相应的措施。人们如果读过我的获奖论文《关于所谓的意志的自由》，就不会再有疑惑了。

我不赞成与一个断交的朋友重归于好，因为一旦遇到时机，他还会重复先前导致两人友谊破裂的卑鄙行为。当然，这次他会做得更加天衣无缝，更加卑鄙无耻，因为他在心里已经认定了我们离不开他。

人的想法和做法，总是随着环境的改变而改变，所以，我们也不要太指望一个人能一如既往地对待一切。人们之所以会如此，皆因目光短浅所致。假如我们对这种行为熟视无睹，那么终将会如他们一样，变得鼠目寸光。

如果我们想要知道一个人行事如何，并决定对其进行考察，那么，千万不要相信他所承诺的东西，而是要看他的实际表现。很多时候，他们对一切也并不清楚，我们必须对他所处的境况，以及他的性格进行细致的考查，才能了解他们的行为和品德。大多数人的真实素质是十分低劣的，我们有必要对他有一个根本的、清晰的认识，并利用文学作品，将这些人的思想品行刻画出来，让人们加以了解。这种做法让人更清楚地认识自己，同时也认清别人，对我们绝对是大有好处的。

不过，在现实生活和文学作品中，总是有一些愚昧无知、背信弃义之人，我们大可不必为之伤神，完全可以把他们当作活生生的教材。因为通过他们，我们可以更深刻地了解真实的人性，并牢记于心。由于人性的差别本来就大，所以也会有很多难以预料的情况发生。就像我之前说过的，这个世界充满了邪恶，在野蛮人统治时，是人吃人；在文明人统治时，则是人骗人，这就是所谓的世道。

一个国家，总会以各种人为的方式和手段，设立各种外交机构和内政机关，通过权力的作用，来抵制、处理人类社会中一些非正义的行为。在人类的整个历史进程中，一个国家，只要国富民强，国王大权在握，就会对他国产生觊觎的思想。国王会利用手中的权力，大举进兵，像强盗一样侵入别国，对其进行烧杀掠夺。所谓的战争，就是强盗的行为。

在早期的中世纪，战争的失败者往往沦为胜利者的奴隶，为他们所驱使，即便是那些为占领军提供费用的人也不例外。“所有战争都是强盗行为”，伏尔泰曾这样说。我认为，德国人更应该将这句话铭刻在心。

三十

没有哪个人可以按照自己的方式独立生活，都需要在一定的观念、规则指导下为人处世。但是，如果我们不想局限在自己天生的本性中，想要在这个基础上走得更远，让自己具有更加纯粹的理性性格，只能人为地去创造条件。不过，即使我们想改变原来的本性，它也还会存在。

不难理解，人在相处过程中应该遵守规则，并且能够明确地把它表达出来。但是，我们也避免不了在实际当中触犯它，认为用这种条条框框去为人处世太过拘谨，倒不如放任自流的好。不过，像那些为了指导实践而制定的规章制度，理解规则是第一位的，落实规则则是第二位的。

理论的获得需要借助理性，而落实理论则是个循序渐进的过程。如果我们让一个刚刚学习器乐的人只看乐谱来演奏，无异于纸上谈兵。不论他有多么大的决心，都避免不了犯错。由此，我们才会明白，遵守纸上的规则是行不通的，只有在反复的练习中经历失败、犯错、改正，才会慢慢取得成功。这就好比学习读写拉丁文，我们只有将语法融会贯通，才会学有所成。

很多事情都是如此，智商平庸的人可以变成学霸，性格倔强的人可以变得圆滑，直言不讳的人会变得讳莫如深，这些改变无不需要外界的煽风点火。但是，人的本性却从没有停止过与这些规则的对抗。因为所有遵守抽象规则的行为与原始的本性相比，都是有差别的。这就好比工艺品与有机体之间的差别，工艺品是被和它异质的材料强迫组合在一起，如钟表，而有机体则是形式与材料的完美融合。

拿破仑有一句名言，充分阐释了后天性格与先天本性之间的差异："一切非自然的东西都是不完美的。"不论是在理性层面还是在道德层面，这条规则都是行得通的。但也有例外，比如天然砂金石，矿物学家认为，它远不如人造砂金石。

但是，在这里我还是想向那些做作的行为发出警告：做作终会招致鄙视。因为做作即欺诈，欺诈出自胆怯，而胆怯则源于内心的恐惧。习惯欺诈的人，总想在人前掩饰自己本来的面目，装出更好的样子。而为了获得某一品性去伪装自己，无疑是在向人们宣布他并不具有这个品性。如果一个人总是吹嘘自己拥有勇气、学识、智慧、财富、权力甚至美女等，那么，我们只能从中得出结论：他所吹嘘的东西，正是他所欠缺的。因为一个真正拥有一切的人，是不会大肆张扬并招摇过市的。

事实上，就如我在前面讲过的，没有一个人可以毫无顾忌地放任自我，让自己的本性完全地展示出来。因为在与人打交道时，本性中很多低劣粗俗的习性需要掩盖起来。但这种行为只能是我们为了隐藏自身缺点的辩解，绝不能成为伪装自身素质的借口。

很多时候，我们在一个人伪装之前就已经看穿了他的伎俩，即便我们不去揭穿他的本来面目，但在时间面前，他的面具也会自行脱落。塞涅卡说过："没有一个人可以长时间戴着面具，他终归要恢复到自己的本来面目。"

三十一

我们对自己沉重的肉体从来没有感到是负担，相反，我们在搬动别人的身体时，总会觉得很沉重。同理，我们从来不会觉察到自己的缺点和毛病，却总盯着别人的错误不放。其实，每个人都是一面镜子，不但可以照出别人，还会让自己的缺点、陋习一览无余。但是，很多人在这面镜子前都像狗一样，他们不知道镜子中的狗就是自己，只管对着镜子狂吠，以为是另外一条狗在向自己示威。事实上，我们可以暗中留意那些喜欢吹毛求疵的人，他们在指责、规范别人的行为和习惯时，对自己何尝不是一次提高和改进。

不过，有的人做人宽厚，很容易宽容别人。在他们眼中，自己追求自由，同样也把自由给予别人。《圣经》中说的"只见别人身上刺，不见自己眼中梁"是对人最中肯的劝诫。因为眼睛的本质就是向外看，却看不到自己。假如我们想看到自身的毛病，那么适当地留意别人的过错并加以指责，不失为一个好的方法。

为了提高自身的能力和素质，我们需要有一面这样的镜子。

因为每个人的写作风格和文笔优劣各不相同，所以也非常适用这条规则。在写作中，如果对一种笨拙的写作方法不去制止和直言，就会导致这种不正确的方法席卷整个文坛，并迅速被人模仿。在德国，这种文风就非常盛行。

三十二

人与人之间的关系，是在意识形态、思维方式、生活品位、精神素质，以及能力等各种因素相同的基础上建立的。建立这种关系的原则，在品德高尚的人之间，是根本的，也是正确的。

后来，人们逐渐认识到这种关系的现实性，即它取决于某些物质性的利益。在普通大众的认识里，利益是大部分关系建立的基础，于是，他们往往按照人的职务、社会地位或者家庭实力来区分对待，却忽略了人本性中的善良等真实的品质。

当一个人自身资源比较贫乏时，别人会忽视他的存在。只有当他对别人还有利用价值时，才会被别人偶尔谈起。由此可见，一个人自身拥有的东西越多，在世俗的生活中越能获得认可。反之，则会被人刻意遗忘。这种处事法则，无论在哪一个地方，都是以压倒其他一切的方式存在的。

三十三

我想，很多人可能都这样问过自己：这个世上有真正可交的人吗？就如市面上流通的是钱币而并非白银一样，在这个世界上，真正的尊重和友情，远没有那些伪善的表演更能赢得人们的重视。与那些虚情假意的表演相比，我更愿意相信一条摇尾乞怜的狗，因为它远比人要忠诚。

在我看来，真正纯粹的友谊，完全是无私的，是一种对朋友的幸福、痛苦等遭遇表示出的深深理解和同情，是将朋友当成另一个真实的自己。而在以自我为中心的那些人眼中，真实的友谊就像海底的怪物，它只存在于浪漫的神话故事中，或者是隐藏在某个不为人知的地方。他们在与人交往中，自私的因素一直隐秘地存在着，虽然这其中也可能掺杂着些许的真诚。而就是这一丝真诚，让他们在这纷繁的大千世界里变得高尚起来，并可以自豪地说自己是某某的朋友。与那些自私自利的泛泛之交相比，真诚就是令人仰止的高山。很多时候，我们认为的老朋友，也会在我们的背后议论我们，由此可以看出，那不过就是泛泛之交。

当我们遭遇不幸或遇到困难时，真正的朋友会给予我们真心的帮助，即便是要他们做出某些牺牲也会在所不辞。在他们的脸上，我们可以看到真诚、纯粹的关心，甚至他们会仔细地核查事情的原因，以便找出更好的解决办法。但是，如果是一个关系普通的朋友，就不会是这样，也许他们会对此表示漠然，也许会露出幸灾乐祸般的笑容。在他们眼中，别人的不幸或弱点，正是令他们高兴的地方。洛舍福·柯尔德说过："我们认为最好的朋友，总会在我们的不幸中找到令他们高兴的地方。"这就是人性！

人类的天性让人只对眼前的事物表示出强烈的关注，即便人们不愿意承认，这却是颠扑不破的事实。就拿友谊来说，我们最要好的朋友，因为某种原因不能再相见，随着岁月的流逝，他也只能成为我们的回忆和怀想。他们的模样，会在岁月的风干中，渐渐模糊成抽象的概念，我们对他的关注，只不过是理性的，甚至只是一种习惯罢了。所以说，再好的友谊，如果隔山隔水，长久不联系，也会慢慢淡漠，还不如我们对身边宠物的关注来得真切，这种感性也是人的本性。歌德在《托儿夸托·塔索》第四幕第四场里说："'当下'是一个拥有无限权力的女神！"

用"家常客"来形容一些朋友，我认为是再恰当不过了。这种朋友是属于整个家庭的，而不是只属于主人一个人的，他们像猫咪一样受到这个家庭的宠爱。很多人认为在现实中，患难与共的朋友凤毛麟角，能让整个家庭接受的朋友更是罕见。但是，事实并非如此。一旦我们和某个人成为朋友，那么，我们就已经处在了患难之中。

我们常常要求朋友坦率真诚，事实上，真正做到这一点的往往是我们的敌人。他们的指责和谩骂是最好的良药，可以让我们更清晰地认清自己。

三十四

只有那些不谙世事的年轻人才会相信，在与人交往中，尽力展示自己的精神和智慧，会获得大家的认可和喜欢。对普通民众而言，你越展示你的过人之处，以及你的聪明才智，越会激起他们对你的嫉妒，甚至仇视。

一个人在与人交往时如果过于强势，会在无形中给对方造成压力，甚至会激起对方的怨恨和自卑。这种怨恨若找不到发泄的理由，会让对方心情郁闷，甚至会怀疑别人也同样认为他一无是处，从而引发他更深的痛苦和愤怒。关于这一点，可以参阅《作为意志和表象的世界》第二卷第十九章，里面引用了约翰逊博士及梅尔克说过的话。在《手风琴和处事的艺术》中，葛拉西安也说过："要想让自己受欢迎，最好的办法就是给自己披上弱智的外衣。"所以，一个人若是无所顾忌地展示自己的聪明和才智，无疑就是在拐弯抹角地指责别人的无能和愚蠢。

嫉妒是一切卑鄙行为的教唆犯，对于一个本性恶劣的人来说，当他看到别人比他强时，嫉妒就会让他利令智昏。这种人在生活中经常可以见到，他们总是喜欢与别人进行比较。他们那可怜的虚荣心只有在这种比较中得到满足，他们才会感到前所未有的快乐。由此也可以得出结论：人能够引以为荣的，只有精神上的强大。强大的精神，可以让人傲视群雄。

在品质粗俗的人眼里，一个明目张胆显摆自己优势的人，就是目中无人的表现，他们必将给对方以教训。但是，他们知道自己的斤两，绝不和那些聪明人比智力，而是等待时机来实现自己的复仇计划。所以，在社会交往中，精神强大不是人们所期待的，倒是财富和地位成了人们吹捧的对象。

人们常常因为物质上的有利可图，从而忽略了精神上的优势。他们甚至认为那些精神强大的人都是狂妄无礼的，自以为精神高尚，所以傲视一切。于是，他们谋划着，等待时机成熟了对精神强大者进行羞辱。虽然精神强大者可能很谦虚，但是，他的聪明让那些嫉妒他的人不可能放过他。萨迪在《玫瑰园》中说："众所周知，与聪明人对愚蠢人的反感相比，愚蠢人憎恶聪明人更甚千百倍。"

相比之下，弱智的人似乎更受大家的欢迎。这就好比一个人，在寒冷中只有靠近炉火才能感受到温暖一样，一个人只有靠近粗俗、不如他的人时，才能感受到自我精神上的强大，感受到高于那些平庸之人的优越性。如果我们需要谄媚他人，就该明白，对男人，我们只需让他坚信他比我们更高明；对女人，则可以在容貌上大做文章。但是，如果让我们对着人群装弱智，却是一件困难的事。

一个容貌普通的女孩在与一个容貌丑陋的女孩交往时，一定是怀着友好而亲近的感情的。同理，一个男人肯定愿意站在一个身高比他矮的男人身旁，绝不会拿自己的短处去衬托别人的长处。因此，聪明的男人总是找那些愚笨的人为友，漂亮的女人总是找那些丑女做伴。愚笨与丑陋，此刻反倒成了受人欢迎的原因。人们赋予他们善良的美誉，其实，不过是为了掩饰自己那份虚荣心，看似在夸奖别人，实际上是为了自己。所以，那些精神强大的人，会因为他们的优势被孤立，甚至因为嫉妒被人仇视，或避而远之。他们的优秀和强大往往会成为别人攻击的借口，被捏造成不同的版本加以传播，造谣惑众。

而那些具有倾国倾城美貌的女人，也逃不掉这种厄运。没有人会和她们做朋友，更没有人愿意与她们为伴。她们的美貌，让那些雇主自愧弗如，于是，不论是为了自己还是为了女儿，那些希望雇到用人的贵妇们，都不会允许这种衬托在她们的身边存在。

相对而言，地位的优势则正好相反。它与个人优势的明显不同在于，它不是通过对比和差距产生的，而是如同我们身边的阳光和色彩一样，是经过反射才显现出来的。

三十五

我们对他人的信任，往往是基于自身的惰性、自私及爱慕虚荣。我们为了逃避亲自去研究、守护、苦干，所以选择相信别人；当我们无法承受生活带来的压力时，就选择透露消息给别人；而当我们因为成功透露消息沾沾自喜时，我们还是希望别人能够尊重我们的这份信任。

不过，即便别人不相信我们，我们也不该怀有不满的情绪。因为在这份不信任中，隐藏着人们对诚实的渴望和敬重。正是因为诚实的稀少，人们才觉得这份信任值得怀疑。

三十六

在中国，讲礼貌是基本的美德，它基于两种理由，这在我的《伦理学的两个根本问题》中，已经阐明了一个；另一个，则是大家都遵守的不成文的协定：保持沉默。我们在与人交往时，为了维护彼此的面子，要漠视对方的缺陷，不论是道德层面的，还是智力层面的，都不要火上浇油地让它暴露在人前。讲礼貌，通俗地说就是做聪明人；不讲礼貌，就是犯傻。而对别人发怒，则是最不明智的树敌之举，这就好比在自家院子里放火。

如果将礼貌比作筹码，即便是一枚假币，我们也不要做那种愚蠢的人，将它弃之一隅，而是应该像那些聪明人一样，慷慨地将它花掉。这就好比我们在书信往来时，总是会在结尾处写上“您忠实的仆人”一样，全世界的人都知道这是一句谦词，唯独德国人把“仆人”二字去掉了。当然，如果有人为了礼貌，宁肯牺牲掉现实中的利益，那么，这个人就是在用真金做支付，而不是用假币来蒙人了。

礼貌之于人们，就像温暖之于蜡烛。又硬又脆的蜡块，只有在一定的温度下，才会一点一点变软，才可以随意弯曲揉捏。同样的道理，那些执拗地将仇恨记在心里的人，只要我们能够以礼相待，让他们感受到我们的真诚友好，他们也会变得柔顺且讨人喜欢。

有时候，我们对一个人表示尊重，并非那个人真值得我们尊重，只不过是出于一种礼貌而已。哪怕我们并不拿他当回事，为了礼貌，也要假装高兴地融入他们当中。由此看来，要想让讲礼貌与傲慢看上去天衣无缝，还真是件颇具难度的绝活。

如果我们不是毫无节制地炫耀自己的优势，自以为是地认为自己比任何人都优秀，或者我们对别人的想法、行为都能了然于胸，那么，在别人无礼地冒犯我们的时候，我们就会镇定自若，而不是慌乱得不知如何是好。其实，每个人对别人的评价都是很在意的，无论这个评价是褒是贬。特别是当不经意间听到熟人在背后议论自己时，心中更是五味杂陈，说不好是什么滋味了。

其实，所有的礼节都戴着面具，我们只看到了面具上的笑容，却不知道面具下掩藏的真实。所以，当有人摘下面具时，我们也没有必要大惊小怪。不过，当一个人的行为过分地野蛮无理时，将会让自己陷入一个糟糕的境地，此时，他不但摘下了面具，甚至等于扒光了衣服，赤裸裸地站在了众人的面前。

三十七

由于每个人所处的地位、身份、境况、性格、行为及拥有的关系有所差异，所以每个人的行事风格也大不相同。因此，我们没有必要以某一个人的作风当模板去效仿。在面对事情的时候，一定要有自己的行事风格，这种独立的主张，是在生活当中经过深思熟虑得来的，也是我们为人处世时必不可少的。有句谚语说过："如果有两个人去做同一件事情，那么，他们最终所做的就不是同一件事情了。"我们只有保持自己独特的风格，所做的事情才会与我们自身的性格相符。

三十八

我们不要试图去改变别人的想法，当一个人对自己的错误毫无认识时，即便是969岁高寿的玛士撒拉，也不可能令他有所改变。我们还要克制自己的冲动，不要在与人交谈时纠正对方的错误或毛病。因为伤害一个人很简单，但是，想要改变一个人，就算没有阻挠也是一件困难的事。

当我们在与人交往，不经意间听到某些人荒谬的谈话时，千万不要生气，就当那是两个蠢货的滑稽表演。在这个世上，不要老想着板个脸去教训别人，如果能毫发无损地从别人的嘴里逃脱，那才是最大的幸运。

三十九

如果想让别人相信我们的判断，就要注意自己的表达方式，冷静地将自己的意思表达出来。因为在别人眼中，任何过激的行为都是受意志驱使的，而意志是人身上根本性的东西。相对来说，那些客观的认识，则显得毫无用处了。所以，人们宁愿相信，那判断来自受到刺激的意志，却不愿意去相信意志所受到的刺激纯粹是因为判断所导致的。

四十

不管我们自身多么优秀，都不应该为了一点蝇头小利而去自卖自夸。诚然，世人无法逃脱虚荣心作祟，总是如小丑一般滑稽地自吹自擂。而那些实干家，则不会扭扭捏捏地去自我吹嘘，所以，他们是真正的超人。

弗朗西斯·培根说过："扔出去的泥巴多了，总会有一些粘在墙上。"这话不但适用于中伤他人，也适合吹捧自己。所以，很多人认为，适当的迷魂药还是有它的用武之地的。

四十一

如果我们怀疑一个人说话的真实性，那么我们首先要假装相信他所说的一切。当他解除对我们的警惕，放心大胆地编造更多的谎言时，自会露出马脚。一个人若想隐瞒事实真相，总会编造大量的谎言来掩饰，但不论怎么掩饰，总会有说漏嘴的时候。只要我们假装对他不小心说漏的真相不予相信，那么，他为了消除我们的疑虑，一定会用全部的真相来加以证明。

四十二

每个人的私人空间，都属于个人的隐私，是秘密的、不能与人分享的。哪怕是我们的老朋友，只要不是他亲眼、亲自见证或经历的，我们一丁点都不能透露。因为人都是随着时间、环境的变化而变化的，谁也不敢保证，时过境迁后，别人还能一直为你保守秘密。即使那是无可指责、微不足道的事情，说不定也会给我们带来大麻烦。

很多时候，口若悬河并不比沉默更能显示我们的才华。真正聪明的人，总会适时地保持沉默；而那些擅于嘴上功夫的人，往往都是喜好虚荣之人。他们为了逞一时的口舌之能，而忽略了沉默是金的忠告，甚至给自己招来无谓的麻烦。他们是性格活泼的人，总喜欢用大声交谈来放松心情，对此，我们应该有自己的主见，能不听最好不听。一旦他们养成信口开河的习惯，思想和语言就会混为一谈，连带我们的思考也会受到影响。而那些真正聪明的人，则会明白，在思考和发言之间，是应该保持一定的距离的。

关于我们的很多事情，别人根本就不会相信，因为他们对这些事情没有任何意识，更谈不到产生质疑。但是，如果我们真做了让他们怀疑的事，他们就不会再相信了。我们常常臆测别人对我们的态度，认为他们不会对我们有什么警觉，所以也会经常泄露自己的秘密。这就好比一个患有恐高症的人站在山巅，在眩晕中总是觉得自己会站不稳，结果，反而真的摔了下去。

还有一种人，他们在别的事情上可能没有表现出多少才能，却对打探别人的隐私很是在行。只要他们得到一丁点蛛丝马迹，就会追根溯源，把那些盘根错节的难题都给算计出来。例如，我们要讲一段陈年往事，但又不想涉及当事人及相关的人物，那么，我们就要提防，不要提及任何有关私人情况的信息，哪怕是非常琐碎的细节,或者一个地名,一个无关紧要的人名。因为这种人嗅觉灵敏，他们也许会根据你透露的信息，发挥他们在数学上的天赋，将那些未知的数据一一挖掘出来。这种人并不关心生活当中真正有意义的事情，只对个人的隐私逸事感兴趣，并以他们强烈的热情激发出最高的智慧，用在那些风马牛不相及的事情上。

以上所讲，都是来自生活的真理，那些教导人们为人处世之道的大师们，也会真诚地告诫人们：沉默是金。由此，我们所谈论的内容也可以告一段落了。但是，我还是想将一些阿拉伯的格言送给读者朋友，因为它们虽然鲜为人知，却具有很强大的说服力："你的敌人不应该知道的事情，也不要说给你的朋友听。""如果想要保守我的秘密，我就让它成为我的囚徒；假如我失口泄露了秘密，那么我就成了它的囚徒。""沉默的树上结满了宁静的果实。"

四十三

在所有的花销中，我们因上当受骗埋的单，是花得最划算的，因为它让我们变得聪明。

四十四

做人不应该对别人心存嫉恨，但是，应该留心别人的一举一动，做到心中有数，借此来评判他人的价值与我们自身的价值。并根据掌握的情况，在现实生活的碰撞中采取相应的对策。我们要牢牢记住：人的性格是千差万别的，如果我们忘掉了一个人的丑恶行径，无异于将自己置身于危险当中，将自己辛苦所得的钱财拱手让出。

“既不去爱也不去恨”“既不多嘴也不多耳”，这两句话道出了人生的大智慧。要是能真正做到这一点，人生也就没有什么不如意的事了。

四十五

在日常生活中，很多人会将自己的不满和愤怒显现在脸上，实际上这根本于事无益，是一种危险、弱智又愚蠢、可笑的表现。真正有智慧的人，从不把自己的情绪写在脸上，而是以实际行动来折服大家。雷声大雨点小的事，久而久之人们就失去了兴致，干打雷不下雨的事做得越少，暴风骤雨就来得越猛烈。就好像那些动物，越是冷血就越深藏剧毒。

四十六

老祖宗曾留下古训：“说话要慢条斯理。”这句话提醒世人，因为人与人的智商不同，所以接受能力也不相同。那些智商平平的俗人，理解能力要比聪明人差一个节拍，如果在他们还没有理解之前，我们就把要说的话讲完了，势必造成他们的一知半解。所以，要想让别人能够真正用心揣摩我们说话的含义，就应该学会放慢语速。

有时候，我们与人掏心掏肺地倾诉，却没料到那掷地有声的话语，往往得不到我们想要的效果。所以，对于某些人，我们可以以礼相待，并十分认真地说一些含沙射影、夹枪带棒的话，既表达了我们的想法，又不会见刀见血，伤到对方。

第四部分　我们对世俗与命运的认识

四十七

每个人的人生都大同小异，所以命运也以不同的方式呈现，但是，人生的要素却是始终如一的。尽管人生中有很多事务、遭遇、幸或不幸，像糖果店的糖果一样，形形色色，花样繁多，但是，它们终归是用一样的糖浆做成的。这就好比人生的要素，不论在什么地方，草庐或者宫殿，修道院或者军队，它们的根本性是无法改变的。

我们的人生经历，就如旋转的万花筒一样。有时候，一个人所经历的事情，往往与他人的经历极为相似。当我们将万花筒旋转一次，似乎就可以看到不同的画面，可实际上，在我们眼前旋转的，始终是那个万花筒。

四十八

古人曾说，机智、实力和运气，是人生的三种御世能力。而在我看来，运气是其中最重要的力量。

如果把我们的人生比喻为航船，那么，运气则是送它远航的风。不论是好运还是厄运，都依仗风的速度，要么顺风前行，要么逆风滞后。与风相比，我们的努力和行动只不过扮演着船桨的角色，似乎有些徒劳。因为，我们接连不断地挥舞着船桨，也只能往前推进一小段航程，而一阵突如其来的逆风，就可以把我们远远地抛回原地。但是，如果吹来的是一阵顺风，那么我们无须费力地划桨，船自然而然地就被推着向前了。

关于运气的强大力量，西班牙有一句谚语描述得很形象："把运气交给你的儿子，然后将他抛进大海。"由于情况的不同，运气有时也可能成为一股邪恶的力量，导致意外事件的发生，并试图左右人的意志，对此，我们应该有所警惕。

意外是所有赠予者中唯一一个在给我们礼物的同时，又明确表示，我们实际上没有任何理由和权力得到这些礼物，更没有任何所谓的尊严，有的只能是对它这番好意的感恩戴德。同时，它再次给我们希望，让我们心存期盼，希望可以再一次不劳而获，得到更多的礼物。意外法力无边，它用残酷的事实让我们明白，除了它的恩惠与可怜之外，我们所有的辛苦努力都毫无用处。

一个人的人生，绝不是他一个人的事，而是由外部事件与他自己的抉择这两个因素组合而成的。这两种因素既互相争斗，又彼此扶持。它们让本来就无法预见的抉择和不可预知的偶然事件紧紧限制住人的视野。当一个人回首所走过的人生之路时，往往会因错过的幸福、招引的不幸而后悔不迭。那些纷繁复杂的过往会清晰地浮现在眼前。

世事难料，我们唯一能掌握的，就是当下要作的决定和正在发生的事情。只要我们有目标，就应该为了实现它而去拼搏奋斗。也许在这个过程中并不是一帆风顺的，只能按照我们预测好的方向缓慢前行，并且需要我们时时调整好方向。我们可以根据当下的处境作出抉择，并殷切期望能借此离我们的目标更近一些。结果，意外事件和我们的目标总是背道而驰，如同两种不同方向的牵引力，而其中的对角线，就是我们的人生经历。

泰伦茨说："人生好比掷骰子游戏，如果你掷出了最不理想的点数，那么，在由意外提供给你的点数面前，你只能提高玩游戏的技术。"

在我看来，人生就像一盘棋，决定输赢的是运气。虽然我们走的每一步都从整个棋局考虑，却常常受制于下棋的对手。在人生这张大棋盘上，我们的对手始终是运气，它的喜好决定了棋局的走势。我们被迫不断地调整自己的策略，每下一子都要再三思谋，以至于到最后，从前的计划完全改变。

此外，人们总是在饱经世事之后才发现，有些东西超越一切之上，远比我们的头脑更有智慧。它以异常复杂的形式存在，并时时接受事实的检验，那就是，我们要比我们想象中愚蠢得多，相反，我们也比我们认为中明智得多。

冲动，是人的本能，是人本性中最深层的东西。当一个人步入人生的关键阶段时，每向前迈出一步，并非都凭借理性的认识。冲动使我们不断向前，但它往往受到后天的、普遍存在的规则的限制，甚至对我们的所作所为吹毛求疵。这让我们不得不思考，外界分派给我们的东西是否完全适用于我们的人生。直到我们“水土不服”后，才会恍然大悟，但是，我们没有资格去评判事情的对错。只有那些经历了世事沧桑的老人，才能从主观与客观这两方面，作出正确的评判。

作为人类的一种本能，冲动就如从我们的睡梦中醒来，被我们下意识的能力所预知的决定。在青年时代，我们的内心就隐秘地感受到了它的存在，这种本能，唤起了我们身上某种巨大的能量。也许那些梦境已经模糊，甚至被我们遗忘，但是，它却给我们的生命定下了节奏鲜明的基调，也带来了戏剧性的统一。我们努力地为它效劳，就像辛勤的蜜蜂。在葛拉西安看来，冲动就是“本能强大的自我保护”，人若没了它，则与墙头草无异，随风摇摆，毫无根基可言。

在一般情况下，我们很难根据抽象的原则来处事，因为我们根本看不到这些具体的原则。只有当我们历经磨炼之后，在回顾毕生的经历时，才会察觉原来我们始终跟在这些原则之后，亦步亦趋。而它们就像牵引我们的绳索，虽然看不见，却把我们引向幸运或者不幸。由此可知，人光循规蹈矩是不行的。

与之相反，人与生俱来的基本原则，就像流淌在人身体里的血液，既确定又具体。因为它是一个人全部的思考、感受和愿望的结果。

四十九

时光的流逝，世事的变迁，让我们感到拥有的宝贵，所以，我们应该把这一切都永久地记在心里。并对眼前所发生的事情，从正反两方面去看待。要在幸福时想到不幸，在友谊中想到敌意，在晴天时想到雨天，在信任中想到背叛，在爱情里想到怨恨。这样，我们才能避免物极必反给我们造成的伤害。未雨绸缪，是我们应该具备的人生智慧，由此，我们才能时时刻刻提醒自己、监督自己，才能避免受人蒙骗，也才能有时间去筹划未来。

世事变幻莫测，对此，没有哪种评价能够比经验更准确，也更不可或缺。在它的延续时间内，每一种事物的存在，都有它的合理性，都是必要的。而在岁月的轮回更替中，除了无常，没有什么是永恒的、亘古不变的。

真正有智慧的人，从不被事物的外表所迷惑，反倒会预知事物的发展变化。而愚蠢的人则会以为，万事万物遵循着它们的生长状态，会一直按部就班地延续下去。因此，即使他们看到了事物发展变化带来的结果，也不会去探究它们的原因，而这些原因，正是事物发展变化的胚胎。愚蠢的人不会想到这结果中隐含着胚胎，他们对事物的认识只停留在表面现象，目光短浅且故步自封。

愚蠢的人常常在灾难来临时共同抵挡。比如，在他们面前有一个深坑，他们会不约而同地一起跳下去，所谓的“患难与共”应该就是这个样子吧。而那些惯于思考的聪明人，在遇到什么不测时，都是独自拼搏的。由此，让我的一项原则得以验证：错误离不开错误的推理。也就是说，把导致一个已知后果的原因归咎于一个并非引起该后果的事物。这可以参阅《作为意志和表象的世界》第一卷第十五章。

在现实生活中，谁要想抢在时间的前面，得到只有时间才能带给我们的东西，那纯粹是妄想。因为我们只有从理论上来预计事情的结果，才能猜测时间带来的后果。对此，只有那些放高利贷的人可以与之媲美，因为只有他们比时间更吝啬、更刻薄。谁若异想天开地想要预支时间，那么，他需要向时间支付最昂贵的利息。在这一点上，恐怕连最聪明的犹太人都束手无策。

让我们举例说明：我们可以在温度适宜的情况下，给一棵树的树干抹上生石灰，这样，它就可以加速生长。假以时日，这棵树就会长出新的枝丫，并且开花结果。但是，接下来它也会很快地死掉。例如，一名年仅 19 岁的小伙子，他想做一个成熟男子才能完成的繁殖后代的工作，并用短短几周的时间，做完了他三十几岁才能做完的活，那么，他无疑是在预支时间。不管当下情况怎样，在他以后的岁月里，他的一部分精力，也是他的一部分生命，将为他今天的所作所为付出昂贵的利息。

病痛也一样：当病魔降临时，如果我们顺其自然，它就会毫无痕迹地自动消失，我们也因此得以很好地康复。但是，如果我们想立刻赶走它，就只能预支时间。不过，在我们强行赶走病魔的同时，自身也将付出后遗症的高昂利息，它会伴随身体的羸弱，在以后的岁月里周期性地不断发作。

人们总是在遭遇战争或内乱之时，急着要花掉自身的钱财。他们迫不及待地要把自己的公债券、房地产等财产，以低于当前市值的价钱售卖出去。实际上，只要他们愿意等待时机成熟，也许就是几年的时间，那么，他们完全可以让这些资产保值增值。只是，人们往往当事者迷，非要预支这么几个年头。

再如，人们想要去旅行，但是，所需的花销要在一两年之内才能攒够。可是他们不想等那么长时间，于是他们想到了借贷，或者从积蓄中提取。这无疑是在预支时间，而他们为这种行为支付的利息，足可以让他们的账目一塌糊涂。也许他们会因此背上债务，然后在不断增长的财务赤字中不断挣扎。

以上种种，都是时间的高利贷，那些借贷者，就是不甘于等待的人。我们要想把早已预定好的时间往前提，就要付出最昂贵的代价。所以，我们一定要记住，千万不能欠下时间的债，因为它的利息太昂贵。

五十

在日常生活中，我们常常会发现，智商平庸之人与聪明的人在性格上有着明显的区别。智商平庸的人在思考和评估一件事情可能存在的风险时，只会一个劲儿地询问或掂量哪件事已经发生。

而聪明的人则会考虑有可能会发生什么样的事情。他们心中所盘算的事情，如果用一句西班牙谚语来说的话，就是“过去一年内没有发生的事情，将会在下一分钟发生”。当然，这两种人的想法不同也属正常。因为要更深地去研究可能发生的事情，需要一定的智商和智慧；而考虑已经发生的事情，则只需要感性的认识就可以了。

但是，我们也信奉，为驱赶邪恶的魔鬼而牺牲。为了将不幸发生的可能性降到最低，我们不惜耗费人力和精力，缩小自我的生活空间，同时忍受不适和贫困。我们在这方面的支出不会白费，支出越多，不幸发生的可能性就越小越遥远，甚至不可能发生。在这一点上，定期缴纳保险金，就是最明显的例子，它是人们公然献给邪恶魔鬼的贡品。

五十一

我们不应该去为任何的意外欢呼雀跃，或者大放悲声。因为世间万事万物都存在无限的变数，意外也就无时无刻不在发生。而对于意外发生的事情，我们通常不能在短时间内准确地判断出哪些是有利的，哪些是不利的。我想，很多人都有过这种经历：当一件事情刚发生时，我们为之悲伤难过，痛苦不已，可到最后却被证明那其实是一件天大的好事；我们也曾因某一件事情而备受鼓舞，欢欣雀跃，但是，最终它却成为我们苦难的源头。所以，莎士比亚在面对意外发生的事情时，建议人们的态度是：

曾经，我也体会过种种悲喜，

如今，纵使它们以本来的面貌蓦然出现，

我也不会像一个女人一样哭哭笑笑。

——《皆大欢喜》第三幕第二场

饱经风霜的人都清楚，生活并非一帆风顺，会有各种磨难发生。他们会将当下发生的不幸，视为众多磨难中微小的一分子。其实，每个人的一生，都会遭遇无数的风风雨雨，命运不会因为某一个人的悲惨、可怜就放过对他的考验。所以，保持一个良好的心态，对每一个人来说都是十分重要的事情。

在我们的周围，很多人摸爬滚打一生，历经坎坷磨难，只为了在多灾多难、困苦不堪的生活中能有一席之地。所以，我们从他们身上，就应该学会清心寡欲，知足常乐；学会顺应天时地利，接受所有不尽如人意的状况。当灾难或不幸降临时，我们才有能力避让，甚至承担。

生活就是由众多或大或小的不幸组成的，我们只需将这些不幸当作经验教训放在心底，而不是整天挂在嘴上，满腹牢骚。像贝雷斯福德那样，拉着一张苦瓜脸，随时随地准备向别人哭诉他的人生苦难。我们更不要在被蚊虫叮咬时也大呼小叫地要别人来帮忙。我们应该努力让自己成为一个谨慎豁达的人，要学会深谋远虑，不论我们遭遇的不幸起因于人还是物，都要提前有所警示和防范。也许，在这方面，我们更应该像机灵敏捷的狐狸，笨拙只是用来伪装自己的，实际上却可以躲过任何的灾难和挫折。

如果我们一开始就对可能发生的不幸成竹在胸，那么，当它真正降临时，我们就不会那么慌张，甚至手足无措了。所以说，在不幸尚未发生时，我们就该预见到它的可能性，并且从各个方面弄清它的影响程度。如此，它在我们面前就是透明而有限的，我们就可以轻松地面对它的到来，并将它所能造成的影响减至最小，后果也就不会那么严重了。假如我们什么都不做，在不幸降临时惊慌失措，毫无准备，那不幸就会被无限地放大。最终，我们将无法掌控一切，在模糊而又不确定的情况下，事情只能变得越来越糟，使风险看上去比实际大了很多。所以，在不幸还没有发生前，我们应及早地做好预防，认真地思考对策，这样，在意外发生时我们就能应对自如，知道如何进行补救了。即便我们不能阻挡不幸的发生，但养成未雨绸缪的习惯，未尝不是件好事。

遭遇飞来横祸时，最好、最冷静的处理方法就是坚信："所有已经发生的事情，不管它们是大是小，都是必然会发生的。"这是我从获奖论文《关于意志自由》中推理出来的。人们认识并接受了这个道理，就会把所有匪夷所思的事情，看作必然的结果；就会懂得去适应那些不可避免的事情必然发生，它们虽在意料之外，却是在情理之中了。

在此，我想请读者朋友参考我之前说过的话："认识那些不可避免、必然发生的事情，我们就会感受到身心的安宁。"谁领悟了这个道理，谁就会去做他所能做到的事情，也会承担起他所应该承担的责任。

在生活中，正是那些不断折磨我们的小灾小难，把我们的身心磨炼得更臻于成熟。所以，我们才能在幸福中依然保持警惕，不至于丧失承受大灾大难的能力。在与人交往中，别人的阻挠以及流言蜚语，平常遇到的一些小烦恼或者摩擦，都不应该成为我们抱怨、感慨的理由。我们应该像西格弗里德那样，完全不去理会那些东西，让它们无法靠近我们半步，更不必耿耿于怀。我们可以把它们当作路上的石子，一脚踢开，根本没必要去斤斤计较。

五十二

人们总是习惯将自己笨拙的恶作剧，当成一件幸运的事加以炫耀。在《伊利亚特》第二十三节中，推荐了一些明智的反思，我想，那些妙趣横生的话，对人们可能会有所帮助和启发。生活中，每个人都在为自己的罪行进行救赎，唯恐在下辈子遭到惩处。但是，无论他们怎么虔诚，他们的愚蠢仍会在这辈子得到报应，尽管有些人侥幸逃脱。所以说，让我们感到既可怕又危险的，不是那些外表凶猛的人，而是那些看上去和蔼、实际却非常狡诈的人。与狮子有力的爪子相比，人类的大脑，是更令人害怕的武器。

一个深谙世事、久经考验的人，做事绝不会拖泥带水，但也不会轻举妄动。

五十三

能够影响我们幸福的根本因素，除了聪明，还有勇气。当然，我们自身并没有这两样东西，而是从我们的父母那里继承了它们。不过，我们也可以借助后天的学习和锻炼，来弥补这两种素质的欠缺。

在这个世上，有人用灌铁的骰子玩游戏，有人用铠甲做武器，而我们，则要有钢铁一样的意志，以战斧来对待别人对我们的攻击。人这一生，就是一场毫无休止的战斗，我们每往前迈一步，都要经过一番拼命的厮杀。伏尔泰说：“生而为人，我们只能仗剑前行，哪怕是死，也要手握武器。”

当一个人面对满天乌云，或当只看到地平线上堆起阴云时就唉声叹气，那他就是一个胆小如鼠的懦夫。有句格言说得好：“不要逃避灾难，要奋勇而上迎击它。”哪怕是一件极其危险的事，只要它还有希望，还有转机，只要它还没作出最后的定论，我们都不应该放弃，更不应该胆怯，而是要勇敢地迎接它。就如我们头顶那片蓝天，只要那一抹蓝还在，我们就不应该对天气感到绝望。我们应该告诉世人：纵使整个世界倾塌成碎片，我们也毫不畏惧。

我们的整个生命，以及我们所拥有的福分，都不允许我们战战兢兢、缩手缩脚。为此，我们更要顽强地生活，并且以无所畏惧的精神，抵抗命运的打击。

但是，我们也不要矫枉过正，以至于让勇气演变成鲁莽。在这个弱肉强食的世界上，适当地保持一定程度的畏惧，未尝不是件好事。而懦弱，不过是畏惧过了头罢了。弗朗西斯·培根对“terror panicus”在词源学上的解释为“让人惊慌失措的恐怖”，非常精辟，他让普鲁塔克的解释相形见绌。而且培根由这个词中又推出了“pan”这个词，认为“pan”作为希腊神话中的牧羊神，是极具人格化的。培根说：“事物的本性，让一切生命对可能降临的痛苦感到恐惧和不安，而人们为了避免这种痛苦的降临，也做了有效的防范，这也恰好成了生命及其本性的保护者。”不过，还是会有人将有用的担忧和无用的恐惧混淆在一起，以致所有的事物都充满了惊慌失措的恐惧。

另外，惊慌失措的人最明显的特征就是：并没有清楚地意识到让他惊恐的原因。也许他只是假设个理由，却没有认真地去了解认识它，又或者根本就没有原因。当然，在我们深陷险境的时候，或许恐惧本身就是恐惧最好的理由了。

第六章　不同时期的人生

伏尔泰有一句名言：

一个人如果不具备他那个年龄应有的智慧，

那么，他就会有那个年龄段的所有烦恼。

所以，在对整个幸福学做完考察后，我们很有必要对人生的不同阶段带给我们的变化，做一次反思。

在我们的一生中，性格是天生无法改变的，但是性情却是经历了后天的磨炼形成的显著变化。这种变化，在每个当下形成自己的风格。而我们一生当中所能拥有的，也仅限于当下。每一个当下都有它独特的色彩，它们的不同之处只在于，当我们最初来到这个世上、呱呱坠地时，我们的前面是一段长长的未来；而当我们的生命终止时，我们的身后是一段长长的过去。

我在《作为意志和表象的世界》第二卷第三十一章中，已经对我们童年时代的认知和意识做过详细的论述。因为我们在孩童时期，思想比较单纯，人际关系简单，也没有那么多的欲望，所以我们对万事万物更多的是去认知，而不是受意志的摆布，渴望拥有更多的东西。在人生 1/4 的时间里，我们的幸福就得益于这一事实。等到我们渐渐长大，对这个世界有了更多的认知时，在我们的意志被贪婪刺激起来后，一切就像失落的伊甸园，远远地留在了我们的身后。而让一切发生改变的，是成长。

我们的大脑在7岁时就已经达到了最完满的程度。虽然那时我们的智力还没有完全成熟，但是，它一直都在我们成长的过程中不断地汲取营养，不断地进行提升。因为童年岁月就像一首刚刚写下开头的诗歌，在儿童的世界里，一切东西都是新鲜的，都散发着神奇的魅力，充满着诱惑。

诗歌与所有的艺术一样，其本质来源于对柏拉图理念的理解和领悟。也就是说，它存在于对本质自身普遍性的把握，同时，也存在于个体当中。源于这种理念，每个事物就作为这类事物的普遍性反映而出现。因此，我们可以通过一件事物，看到千百倍的同类事物。

在童年时期，大家会专注于个别的玩物或特殊的事件，虽然我们只会对那些东西产生一时半会儿的兴趣。但是，生活却总是日新月异的，每一天都以全新的面貌展现在我们面前，也不会因为日复一日的重复而显得苍白老去。我们追求着一切新奇而美好的事物，尽管我们并不十分清楚自己追求的目的是什么，但是，我们依然专注于每个场景、每个事件，从中发现生活的本质、形态及所展现出的基本特征。我们仔细观察着所有我们感兴趣的人和事，就像斯宾诺莎说的那样，“采取永恒的视角”。

在童年及刚步入青年时期，人生的经验和认识，会逐渐变成日后所有知识和素材的原型。它就像概念一样印在人的记忆当中，借助这些概念，我们将所接触的东西进行甄别分类。我们越年轻，越会觉得每一个单一的事件或事物，越能代表整个事情的全部种类。也许我们并不能清晰地意识到我们所做的这一切的真正意义。但是，在年复一年的时光流逝中，在成长的岁月里，这样的情况会慢慢变少。所以，一个人在年轻时与年老时，对事物的印象有很大的差别。

早在孩童时期，我们就打下了世界观的坚实基础。或许因为年龄的关系，这些基础有些肤浅，不够深刻，但是，它们会在后来的岁月里不断地得到完善和提高。不过，无论怎么变化，最根本的、本质的东西不会变化，这种纯粹而充满诗意的世界观，是儿童时代最显著的特征。之所以会形成这样的世界观，是因为此时意志尚未以其全部的能量出现，我们的行为举止是从一个儿童的视角出发，认识要大于意志，这也是为什么小孩子的眼神既纯真又直观。拉斐尔在画天使时，就很用心地借用了这种眼神的特征，特别是在他画的《西斯廷圣母》中。以上种种，都证明了童年生活的无比快乐，让人在漫漫岁月里，始终对它念念不忘。

当我们以认真的态度去直观地认识事物时，教育也同时在对我们灌输概念。但是，抽象的概念并不能给我们提供真实的本质，知识的基础和真实的内容，都存在于对世界直观的认识当中。这种直观的认识，除靠我们自身获得外，其他任何想通过某一种工具灌输给我们的想法，都是徒劳的。由此可知，我们的道德、智力的价值不是来自外界，而是从我们自己的深层本质中产生的。纵使我们采用瑞士著名教育家裴斯泰洛奇式的教育方法，也不可能把一个天生的蠢材教育成一个勤于思考、敏于行动的人。古语说过“江山易改本性难移”，一个生来就愚蠢的人，到死那一天，他也还是个愚昧无知的蠢蛋。

人在童年时对外部世界最初的直观认识是深刻的，所以，童年的环境和经验会牢牢地铭刻在记忆当中。人的一生，与这种直观的认识密不可分，甚至没有任何力量能将它从我们身上剥离出去。那些最初认识的事物，都以独一无二的形式存在着，只是到了后来，随着我们眼界的不断拓宽，又认识了很多新事物，才渐渐地对最初的认识失去了兴趣。

我在《作为意志和表象的世界》第二卷第372页中已经说明，所有事物在客观的、纯粹的表象中的存在，都是令人愉快的；相比之下，它们在意志中的主观存在，则处于强烈的痛苦和哀伤之中。如果用简短的话来概括，就是：所有的事物，在它们精彩的背后，都有令人害怕的一面。

客体是所有事物令人愉悦的一面，所以我们在童年时期，看到的都是客体的、表象的事物。而作为意志的、主观的、令人畏惧的一面，还没有被我们所认识。因此，在我们幼小的头脑里，就把现实与艺术的所有形态都视为令人愉悦的事情。当我们看到它们美好的一面时，它们就显得更加美好了。正因为这样，我们才觉得眼前的世界就是一个美丽的伊甸园，可我们所有人，却都降生在了阿卡甸高原。于是，我们渴望美好的现实生活，追求功成名就，承担痛苦磨难，这些诱惑让我们陷入深深的不安与动荡之中。

我们在不断的失败中总结经验，在屡败屡战中学会去认识事物的另一面，知道了它们在意志当中的存在。这种认知给我们带来了失望，让我们美好的童年如烟飞逝。我们在不断增强的失望中长大，对事物有了更清晰、更全面的认知。此时看去，我们业已远去的童年生活，恍如剧院里的舞台装饰，我们年岁越老，这种装饰离我们越远。

童年的幸福生活，恰如初春时节的叶子，有着相同的色彩和几近相同的模样。人也一样，在童年时期，每个人彼此相似，所以大家能和平相处，欢乐与共。但是，随着青春期的来临，彼此之间的分歧开始显现，并且如圆规的半径一般，越变越大。

前半生与后半生相比，它拥有太多的优势。我们那时坚定不移地相信，幸福一定可以从生活中找到，然而，却在追求的过程中不断遭遇挫折和伤害；我们梦寐以求的幸福，就像幻影一般，在我们的面前翩跹起舞，却又变幻莫测，无法触碰；我们血气方刚，却无法去水中捞月。这样的处境和形势，让我们闷闷不乐，感到了人生的不得志与空虚困顿。不断落空的希望带来的不满情绪由此而生，我们也从林林总总的期待里，看到了人生的无法预测与黯然神伤。

对此，我在《作为意志和表象的世界》第二卷第 374 页中已经做了描述。在曙光乍现的青春年代，我们的很多认识不是从现实当中获得的，而是来自诗词。我们目之所及，皆是诗词中的景象，于是，我们试图在现实生活中一窥它的全貌，想去捞起水中的月亮，抓住空中的彩虹，为此，我们备受意志的煎熬。每个人年轻的时候，都会梦想自己的人生就是一部精彩的小说，而失望也就伴随梦想产生了。如果我们能及早地受到这方面的教诲，根除种种似是而非的观点，也许我们就会受益良多。

事实上，不管那些幻象如何迷人，终归不是真实的存在，只是幻象而已。所以，年轻人眼里的幻象，在我们看来，则是真切认识所带来的安宁与怡然。要想让年轻人把幻象变成现实，就要以意志活动为主，然而，意志的清醒总会给人带来不可避免的痛苦。所以，我们总是在前半生，不断地追求可望而不可即的幸福；在人生的后半部分，不停地担心、顾忌不幸的到来。因为到了人生的后半部分，我们已经明白了幸福不过是虚无的幻象罢了，只有痛苦才是真实存在的。那时，我们已经磨炼出了比较理性的认知，磨炼出了不惧任何艰难险阻的性格，我们的心态也不再贪图享乐。

我在年轻时，听到敲门声，会喜出望外地认为，好事来了。可是，等到我过了不惑之年后，再听到敲门声，会感到害怕，因为我会这样想：坏事终于来了。

茫茫人海中，总会有一些人天赋秉异，卓尔不凡。这样的人往往特立独行，从不与那些平庸之辈为伍，更不能相提并论。在他们的人生感受中，只有两种反向的体会：青年时，他们被别人抛弃；在往后的岁月里，他们反而摆脱了那些抛弃他们的人。被别人抛弃时，他们感到迷茫和痛苦，因为那时他们还涉世未深；当摆脱那些抛弃他们的人时，他们是轻松自豪的，因为此时他们已经深谙世事。

如此看来，人生的后半部分就像一首乐曲的结尾，要比开头少了很多曲折和磨难，多了一些安乐和坦然。这主要是缘于，人们在青春年少时，总会认为这个世界上的幸福和快乐无处不在；而当他们年近老迈时，终于明白，幸福和快乐原本就是虚无的，可望而不可即的。于是，他们的心就此安定下来，去尽情享受自己尚且能承受的当下，从中感悟欢喜和自在。

一个人成熟的标志，就是在他人生的经历中收获了经验，并看到了眼前的世界与他青春年少时眼中的世界截然不同。这种毫无偏见的态度，让他学会了用朴素的认识去看待世界。而在孩提时代和少年时期，那些幻觉、自相矛盾的臆想，以及各种稀奇古怪的念头，包括毫不实际的空想，都掩盖并歪曲了这个世界的真实。

如果我们想把年轻时就已经形成的幻象和谬论从思想里赶走，剔除那些错误，还自己一片自由的净土，接受教育不失为一个最好的办法。虽然这种教育也许是消极而艰难的。

为此，我们需在孩童时代就严格限制孩子的视野，传授他们清晰明白、准确无误的道理，使他们形成正确的人生观与价值观。只有当他们能够正确地解读这个视野中的内容，没有留下任何模糊的概念或一知半解的认识时，我们才能着手将这个视野逐渐延展、拓宽。这样一来，即使孩子们对事物、人际交往的观念单一而朴素，却是清晰明了正确的，我们无须再去费力地纠正，只要及时做好拓展就可以，直到他们步入青春时代。这样的要求会比较苛刻，孩子们会被强制不允许看他们喜欢的小说，而是让他们读一些名人传记，比如富兰克林的传记，莫里兹的《安东·莱瑟》等。

年轻时，人们总会错误地以为，那些举足轻重、影响深远的人或物，会在自己的人生中隆重登场。只有当垂暮之年，才会在回顾中明白，那些人和物，早已趁着无人察觉时，悄无声息地从后门溜了进来。由此，我们可以将人生比喻成一幅已经完工的刺绣品。漂亮的正面代表我们的前半生，而并不算美丽的反面则代表我们的后半生，虽然不美丽，却让我们受益良多。因为刺绣的每一针每一线都一览无余，它让我们看到了宝贵的针法。

一个人，只有在40岁以后，才会展露出自己在精神层面的伟大，以及在谈吐上不可辩驳的分量。因为，只有随着年龄的成熟和阅历的丰富，人的精神才会越来越充实，越来越卓越。精神是其他任何东西都无法取代的，也只有在一个人阅历比较肤浅的年轻时代，才能与平庸之人相提并论。但这也仅仅是指个人，并不代表他的作品。

一个人，只要不是命运只赐给了他一丁点可怜的智力，那么，在他年过四十后，都会产生一种厌世的情怀。他会很自然地拿自己与他人进行比较，在这种比较中越来越失望。因为他清楚，无论是智商还是能力，他要远远高于其他人，甚至不能相提并论。于是，为了避免与那些不如他的人同流合污，他选择孤独。而孤独对于一般人而言，是缘于自身的内在价值与自我认同的交往，有人喜欢这种不被打扰的方式，有人却表示憎恶。康德在《判断力批判》第一部分第二十九节概述的末尾，也讨论了这种厌世情怀。

如果一个刚刚涉世不深的年轻人，在智商和道德方面表现得十分老道，甚至像是很早就参透了人情世故，那么，这绝不是一个好的现象。一个精于世故的人，只能是个泛泛之辈。相反，那些在社会交往关系中，表现得呆笨、迷茫甚至经常犯一些小错误的人，反倒是意味着具有一种高贵的本性。

一个人的青年时代，就如正在爬一座山峰，所有的喜悦和勇气，都源于我们正在路上，看不到任何让人恐惧的东西。而死亡此刻正在另一面的山脚下，当我们翻过了山顶，也就直面真实的死亡了。这时，我们旺盛的生命力已然开始悄悄隐退，我们一往无前的勇气也开始渐渐消失。年轻时的目空一切，如今都化作有气无力的表情，镌刻在了苍老的面容上。

一个人年轻时，总会对他人的言语毫不在意，认为生命是无限的，可以供我们肆意挥霍。殊不知，时光是有限而宝贵的。当我们步入老年时，才终于明白，时光是应该好好珍惜的。只有到了生命的尽头，我们才会顿悟，每度过一天，我们就离死亡的刑场更近一步。

在一个青年人的眼里，生活就是铺满鲜花的漫长的未来；而在一个老年人的眼中，生活则是一段稍纵即逝的短暂的过往。因此，人生起始阶段呈现在我们眼前的事物，就像把戏剧望远镜的物镜放在了眼前，我们看到的物像由大到小；但是，当生命行将老去，我们却恰如用目镜在观看事物，我们生命的长度有多长，完全取决于我们能活多久。

年龄的增长，让我们感到所有世事都已与我们无关。年轻时，生命好像固定不变地矗立在我们眼前。而今它所展现给我们的，则犹如短暂的彗星，瞬间消逝，让所有虚无的幻象暴露无遗。

我们生命中 1/4 的时光是属于年轻的，那不仅是最幸福的，也是最漫长的日子。那时，时光的脚步慢慢悠悠，给我们留下了很多美好的回忆。如果让每一位老年人讲一讲他们的往事，那么，年轻时发生的故事定要多于其他时期。这就好比一年中的四季，也是生命的四季，日子总是在变化中不堪重负，但是，春天照样给人以希望。哪怕时光变短，它依然明快，并散发着持久的香气。

当人在耄耋之年回顾自己的一生时，总是感觉生命是如此的短暂。实际上，是因为我们对生命的记忆已经有限了，很多无足轻重的事情，还有那些引起我们不高兴的事情，都被我们的记忆筛掉了，能保留在头脑中的事情已经少之又少。在一般情况下，我们的智商会随着年龄的增大而变得越来越低，记忆更是如此。在通常情况下，我们所学到的东西必须要反复练习，就像往事需要重温一样，只有这样做，才不至于将一切抛进遗忘的深谷。但是，面对行将老矣的我们，有时候宁愿将一切保存在记忆中，也不再愿意去重温那些无关紧要的事物，更不会去想那些令我们不愉快的事情了。

事实上，很多事情在不断地重复之后，对我们已经毫无意义，即使原本对我们至关重要的。与晚年相比，我们似乎更愿意回忆青春岁月。我们的年龄越大，越会淡忘很多东西，越没有多少事情值得我们去重视。很多事情，只能借助事后的重温才能留在记忆里，一旦我们忘记了，它们也就永远地丢失了。如此，时间也就无声无息地终止了。

有时候，人们还有目的地选择遗忘一些东西。比如，那些让我们感到羞辱的事件，或者那些曾经伤害过我们自尊心的事情。在大多数情况下，人们都不愿意重提那些令人不愉快的往事。抛弃那些无关紧要和不愉快的事，我们的记忆就会变得很短。况且，那些记忆中的素材已经离我们越来越远，就如河岸上的景致，我们的小船离它们越远，它们越变得模糊不清，直至最后难以辨认。那些过往的岁月及岁月中的经历，皆如此。

有时回忆也会插上想象的翅膀，重新回到生命最初的场景。那些栩栩如生的画面仿佛昨日重现，与我们咫尺相邻。之所以会有这种感觉，是因为在漫长的岁月里，发生的很多事情我们无法一一回想，它们更不可能在一幅画面中直观地呈现，所以，我们能保留的，只是抽象而纯粹的概念。当我们在时间的长河里忘掉了很多事情后，这些概念便跳了出来，此刻，它们与我们是那么的贴近，就像刚刚发生在昨天。实际上，不光是时光易逝，我们的整个生命，我们的记忆，不也如昙花一现，难留踪迹吗？

当一个人一直处于持久稳固的当下，那他眼前的迟暮与身后的漫长岁月就仿佛成了一个传奇。那些在时间之中的往事，不是以我们的本身存在的，只不过是我们存在的一个现象。而当下，就是主观存在与客观现象的连接点。

我们年轻时之所以会认为眼前的一切漫长而永久，完全是因为我们心存期望，并为此拟订计划，努力拼搏。为了实现这些计划，我们总嫌时间不够用，即使我们的寿命比玛士撒拉还要长久，我们也会觉得太过短暂。我们会根据有限的生命来预测自己的寿命，会对那些丰富多彩的过往记忆犹新。在流逝的时光中，总有一些新奇的东西耐人回味，也因此被我们一次次回忆，并深深地烙在脑海里。

有时候，我们对某个地方的怀念，并非那个地方有多么美丽，而是我们怀念在那里度过的时光，以及那时的年轻与蓬勃朝气。这样一来，时间就戴上了空间制作的精美面具，如果有人故地重游，就会发现，一切远没有回忆中那般美好。

一个人如果想要长寿，就要爱惜自己的身体。因为健康无恙的体魄才是一切的本源。这就好比两盏燃着的油灯，其中一盏燃烧的时间比较长，因为它有一根非常细的灯芯，所以耗费的油量就少，燃着的时间就长；而另外一盏燃烧的时间就比较短，因为它有一根很粗的灯芯，需要耗费大量的燃油。在这里，灯油就是人的生命力，灯芯则代表对生命力的消耗方式。

如果说到生命力，那么一个人在 36 岁之前是富有的，他们就像靠利息过日子的人，今天花出去的钱明天又会回来。可是，一旦过了这个年龄，就像那些退了休的人一样，往往需要动用本金过活。也许一开始情况还不太明显，一些微小的财务赤字还不足以引起注意，但是，当赤字不断增长，日渐增多，穷日子也就显现出来。本金的无度消耗，就像物体从高空坠落，希望没有了，坏事也就层出不穷，最终将变得一无所有。如果在这里将一切比作生命和钱财，那么它们一起日渐消失，也是一个凄惨的悲剧。所以，很多人在暮年时，都会对钱财特别上心。

与此相反，一个人从呱呱坠地开始，一直到成年乃至之后的人生，如果有一个诚实可靠的人来帮他打理，那么无论是生命力还是财富，都将会与日俱增。他会把生命力像利息一样放到本金里，这样，不但花费会自动收回，本金也会不断增长，而钱财自然也会日渐增多。如果将老年人的凄惨与年轻人相比较，年轻人无疑是幸福的。

即便如此，我们还是不能过度消耗年轻的生命力。亚里士多德对此有过研究：一个人能在少年乃至成年时，获得奥林匹克竞赛胜利的可能性小之又小，即使有，也是凤毛麟角。因为比赛是需要基础的，需要从小就练起，这种锻炼会消耗人的生命力，等到了成年时，生命力已经开始衰竭。人的肌肉能力也是如此，包括那些从事智力活动的人们，他们也难逃这样的命运。所以，我们常常看到那些自诩神童的人，他们就像温室大棚里结出的果子，未经风雨前可能会一鸣惊人，随后就会消失在人们的视线之外。甚至那些被我们认为是非常博学的鸿儒大师们，他们早年为了掌握古老的文化，刻苦学习、废寝忘食；等到了晚年，他们早年透支的生命力，会让他们变得死气沉沉，乃至丧失判断的能力。

一个人的性格，似乎都与某个生命阶段相关联。在他年轻、成年及至老年时，都有某种相应的东西，这种东西也许与人生的某个阶段相一致，也许与之相反。所以，有些人在孩童时很惹人喜爱，但随着年龄的增长，这种优势慢慢地就消失了；有些人身体强壮，精明能干，但时间也会将这种长处掠夺干净；还有一部分人，只有到了年老的时候，才展现出自己最好的一面。他们的性格开始变得温和，对人也不再那么苛刻，因为他们已经看尽了人世种种，学会了宽容。法国人大多如此。

人生如瀚海行舟，迎面的景致不断地往身后飞逝，岸上的景致则越来越小。同样的道理，如果一个比我们年纪大的人，看上去却比我们还年轻，要么是我们的内心已经老了，要么是我们正在变老的路上。

我们在前面已经说过，一个人年龄越大，他所经历的事情的来龙去脉越不会在内心留下痕迹。由此我们可以得出结论：一个人只有在年轻时，才是清醒的。等到年华迟暮，能有一半意识是清醒的就不错了。随着年岁的增长，人的意识渐渐变得模糊不清，仿佛时间很快就溜走了，没有来得及留下任何印象。又仿佛是一件艺术品，即使看过了千百遍，仍然没有什么记忆。有时候，去做一件不得不做的事，做完却不记得是否做过。这种糊里糊涂的日子，让生活陷入毫无意识的模糊状态，就是在这种状态中，时间的车轮迅速地碾过一切。

人在少年时，对所有事物的新奇之处都能一目了然，也因此觉得长长的日子一望无边。同样，当我们出去旅行，离家在外一个月，就会觉得比在家时的几个月还要漫长。所以，无论是在少年时，还是在旅途中，与我们渐渐老去的年华或身在家中相比，那些新鲜刺激的事物，终归会让时间看起来比实际的要长很多。

为了避免我们的智力受到损伤，我们最好不要长时间地习惯于一种生活模式。因为这样的日子毫无意义可言，我们所经历的人和事也很难在这种情况下再影响到我们。生命就像一个不停滚动着的小球，在时间里做着加速运动。同时，它又像一个正在转动的圆盘，离圆心越远的点，转动的速度越快。就好比我们离生命的起点越远，越能感到时间的飞逝。

时间以各种形式在我们生命中呈现，比如在直接判断我们的心理感觉时，一年的长度，与这一年除以我们的年龄所得的数值是成反比的。假如一年占我们年龄的1/5，那么，与一年占我们的年龄的1/50时相比，前者的一年对我们来说，似乎漫长了10倍。时间的比重如此不同，在我们的生命中以无数种方式，对我们人生的每一个阶段产生着决定性的作用。

时间的巨大反差告诉我们，尽管我们的童年岁月只有15年时间，但是这15年却是生命中最绚烂多彩、记忆最长久的时光。当我们进入老年时，则会被无聊彻底征服。童年时，人们渴望长久的娱乐活动，不管这活动是游戏还是劳动，都充满乐趣。倘若生命停止了运动，即使是年轻人，也会被当下的无聊所俘获，空虚就会趁势而入。一个人一旦无所事事，内心就会被惶恐和不安所占据。

其实，无聊对于成年人来说，应该是越来越少。特别是当人白发苍苍的时候，会感觉日子越来越短，时间越来越少。倘若读者真的明白此间的道理，那么我就不是在对牛弹琴。在生命最后的几年里，飞逝的时光早已将人的无聊抛得远远的，与此同时，那些与痛苦结伴的声色犬马也都归于沉寂。这时，只要我们能够保持身心健康，生活的负担与年轻时相比，已经减轻了很多。所以，很多人将老年人的晚年生活比喻成“金色的黄昏”。

对我们一直追求的安逸生活来说，金色的黄昏可谓名副其实。不过，人在年轻时，总会有一些事物在头脑中留下深刻的印象，它们会在人的意识里活灵活现地存在。这就好比是时间酝酿的精神果实，而精神，则是那满园芬芳的阳春三月。有时候，深刻的真理只能被直观地认识到，并通过刹那的印象召唤出来。所以，只有印象足够强烈、深刻，认识才能够被唤醒。由此可见，我们当下所有的事情，都取决于对青春时期的充分利用。

只有我们自身不断地完善、成长、成熟，才能对他人甚至这个世界产生影响。不过，世界对我们的作用却会小很多。实际上，青春之后的岁月，是我们大展身手的最好时机，而青春时光，不过是我们对世间万事万物进行根本探究与认识的基石。

直观支配着我们的青春时代，思想则在我们老年时占据着统治地位。所以，青春是一幅诗情画意的艺术品，老年则是一部富于哲理的哲学论著。即使是在青春的实践中，我们也是以直观和直观所得的印象为主，而老年则不同，老年的实践只能接受思想的规定。

因为在我们年老的时候，已经能够充分地把握直观的情况，可以游刃有余地对概念加以归类整理，以便能够更好地将直观情况的内容、意义及可信度加以完善，并在习惯中对直观的印象加以调控。不过，在那些头脑活跃、想象力丰富的人看来，直观的印象与事物的外在是如此地与众不同，就像一幅完美无瑕的画作。所以，那些人关心的不是心灵对这个世界的内在把握，而是如何穿着打扮、如何行事交际。这些举动，已经通过年轻人的虚荣心，以及华衣靓服表露无遗。

一个人在青年时代，具有强大的力量，以及巨大的精神张力。但是，一过 35 岁，这些优势就会变得迟缓，甚至每况愈下。等到了晚年，精神与能力早已消耗殆尽，只剩阅历和博学依然丰富而充盈。此时，我们已然有时间，也有机会去对事物进行多角度的思考与观察，从而发现它们不同层面的紧密联系，然后将它们放在一个统一而连贯的关系之中来理解。由此，我们也可以洞见万物的本质，甚至会使我们在青年时就已经意识到的东西更加透彻。因为我们在年老时，已经对万事万物有了真切的认识，此时更加确信了。这种认识经过现实的反复验证，以及我们全面的思考，联系在一起就成了根本的知识。相对于青年时期的浅薄，这种认识要深刻得多。

当人渐渐老去，就会对生活有一个正确的态度。因为此时的他，已经对人生有了整体的认识，不仅知道了入世的生活，还能俯瞰出世的人生。他借此完全领悟了人生的真谛，当其他人还在以虚为实时，他已经知道了虚无的所在。

青春年少爱做梦，这时的人们总会有许多的梦想，然后凭借自己一知半解的理解，幻想出更多的东西。可是，当人年老的时候，对事物已经有了正确的判断和深刻的洞察，便会多了许多根本性的认识。一个禀赋超群的人，在青年时代就得到了上帝的恩赐，使他们有机会去搜集那些对他们的基本观点有所帮助的素材。虽然这些素材要想变成杰作还要等上一些时间，或者需要一些年头才能问世。所以，伟大的文学家，往往都是在40岁左右的年纪，才能完成他的鸿篇巨制。

虽然如此，知识这棵大树的根系，却是在人青年时期长出来的。正如每个年代都自认为比它之前的年代优越得多一样，在人生的每个阶段，我们也经常会有这样的想法。当我们年轻正在长身体的时候，我们的知识和能力也在不断地日益提高，于是，我们常常用不屑的眼神去俯瞰昨天。这种不屑在我们的心底生根发芽，还没等它长出果实，我们的能力就已经开始衰退了。于是，我们不得不带着崇敬的心情去仰望昨天。可是，我们无法改掉原来的毛病，还是会看不起年轻时候取得的成绩，就像看不起那时候的判断一样。

在一般情况下，人的智力绝对不像性格那样一成不变，反而会随着环境和情况的改变而有所变化。不过，这种变化终究是在情理之中发生的。它们一部分来源于智力的生理条件，一部分取决于自身的经验教训。所以，智力的水平会逐渐提高，直至到达顶点，然后开始缓慢衰退，甚至变成痴呆。

一个人，处于不同的人生阶段，他的表现和影响也就各不相同。我们所热衷的素材，即为我们一直思考和认识的内容，还有我们的认知、经验、实践及见识，都是根据这些而得到完善的。我们的表现和影响随着年岁的增长而增长，直到某个能决定一切的衰弱点的出现，所有的一切便开始下滑。于是，我们的生存面临两种变化，一种是糟糕的僵死的状态，另一种是以两相矛盾的方式合理地变化着。

如果说我们的人生前 40 年提供的是文本，那么随后的 30 年给出的就是对前 40 年的解释。解释让我们正确理解文本的内涵及内在的关系，包括道德真义和所有经历。

世间所有的对错、繁华、落寞，只有时间才有资格评判。人生最后的阶段，就像一场化装舞会，当大家摘下面具时，那些在我们人生路上来来往往的人，都露出了本来面目。一个人的性格天地可鉴，他的所作所为也自有结果，只有他的成就，到最后才能盖棺定论，而世间所有的假象，也在此刻轰然崩塌。

人只有到生命的尽头，路近黄泉时，才会顿悟自己终其一生所求是为了什么。特别是我们与世间众人的各种关系，我们此刻会认识到，之前我们所预想的地位过高，应该降低一些。但是，也有例外，因为我们之前对人生的肮脏与卑劣没有足够正确的认识，所以，我们偶尔也会将自己预期的地位提高一些，以此来体现我们的人生价值。

一个人的青春，被认为是人生中最幸福的时光，而老年，则被认为是悲伤的岁月。如果情欲能给人带来幸福，这话就是真实的。只可惜，年轻人被情欲所困，痛苦要比欢愉来得凶猛。等到情欲能够冷却下来时，安宁的生活就会让他们养成深思熟虑的处事风格。当人们的认识自由了，也就有了优势。认识本身没有痛苦，所以，一个人越是具有清醒的认识，越能获得幸福和快乐。人们只有认识到所有享乐的本质都是消极的，而痛苦的本质则是积极的，就会明白情欲事实上并不能给我们带来幸福，而衰老也并不是那么值得抱怨的。人往往为了释放某种欲望而纵情享乐，如果欲望没有了，享乐也就无从谈起。这并不令人可惜，就像一个刚刚吃过晚饭的人，你再让他去吃，已经无从下咽，只能等他这一夜睡醒之后再说了。

柏拉图在《理想国》的序言里，对人在垂暮之年的幸福作了准确的评价。如果一个人最终不能摆脱性欲的不安分，甚至对这种诱惑着魔入道，那么，他将受到无休无止的煎熬与折磨。而由此产生的冲动，会让他处于长久的疯狂之中。只有对性欲不再贪恋，人才能成为一个真正完整的人。

但是，我们也应该清楚，在通常情况下，抛开特殊的情形和状况，每个青春期的男女都会有他自己的可悲可叹之处，而那些白发老人，也都会有自己的可喜可贺之事。追根溯源，还是因为年轻人禁不住淫欲的诱惑，甘愿被其奴役。淫欲是一切灾难的罪魁祸首，它们总会降临在年轻人的身上，威逼利诱，让他们束手就擒。而老年人因为已经摆脱了这种束缚，所以能够自由自在，尽享安乐。

现在，我们可以说，当人的性欲衰退以后，生命的实质也就被消耗掉了，剩下的不过是一具空壳罢了。这就像一出滑稽的戏剧，人们一开始粉墨登场，然后机械地穿着戏服，将戏演到最后落幕。

青春的岁月充满了躁动与不安，这与老年的安宁时光形成了鲜明的对比。由此，我们可以推测出人处于这两个阶段时的幸福指数。孩童总是贪婪地向前伸出双手，想要抓住眼前五彩缤纷的世界，因为他们的生命是如此鲜活而年轻。相同的情况，更是会发生在青年男女的身上。这个世界的纷繁绚丽诱惑着年轻人，他们只需放大对世界的想象，并不需要如实地反映世界的本质。因此，他们在各种变数中变得极为贪婪，被欲望填满了胸臆。而安宁，此刻对他们毫无用处，在他们眼中并无幸福可言。

而人到了老年，已经不再像年轻时那样容易冲动，也再没有什么能够刺激到他们，经历让他们对价值与享乐的内涵不再迷茫，万事万物在他们面前都已尘埃落定。年轻时的空想和执拗，曾阻碍他们对事物的正常思维与理解。此刻，他们从所有的幻象和偏见中摆脱出来，清楚正确地领会了万事万物的本质，并可以清晰地洞见它们的虚无。

所以，不论是资质平庸的人，还是睿智聪慧的人，当他们步入老年时，都会具有一种智慧的品格，这让他们与年轻人迥然不同。这种变化给人们带来了精神上的安宁，这份安宁正是我们享受幸福的主要条件，也是获得幸福的根本要素。

年轻人总是觉得，在这个世界上，只要肯去经历，一定会有奇迹出现。而老年人则深知《旧约・传道书》中的道理："万物皆为空虚。"在他们看来，不管坚果的外表多么华丽，它们的内心都是空的。所以，人只有年过花甲，才会真正体会贺拉斯的心态："不要让自己不知所措。"

一个人，只有到了一定的年纪，才会了悟万事万物的空虚、贫乏，这些也不再能左右他们的思想和行为。此时，他们会以坦诚、坚定的信念去相信世间的幸福都源于平凡与平淡。他们不会再像年轻时那样臆想，在某个地方，不管那是草棚或者宫殿，会有不一样的幸福栖居；也不会再幻想空乏的荣耀；伟大与渺小，尊贵与卑贱，这些世俗的标准在他们眼里已毫无差别。与那些身体和精神饱受折磨的人相比，他们会更珍惜眼前拥有的幸福。

平和的心态，会让人在老年时享受到心灵的安宁。此时，他们已经完全有理由面带微笑地俯视世间的明争暗斗，尔虞我诈。

他们不再留恋万丈红尘，用洞悉一切的目光审视着人们为了达到某种欲望而做的各种掩饰。他们早已看穿了这些乔装打扮后的人生，那才是人们真实的生存状况。贺拉斯在《书函辑》第一卷第十二章里写道："要想评价一个人的真正价值，只须看他是否远离了痛苦，而不是看他是否在享受快乐，更不是关注他是否拥有荣华富贵。"

人到垂垂暮年，最大的收获就是醒悟。此前那些生活中的刺激与打拼都如幻象一般悄然消逝。世间的荣华富贵，曾经努力追求的梦想和渴望，不过都是虚无空乏的过眼烟云。而当年过七十后，人们也才能够更深地领会《旧约·传道书》中的诗句："虚空！虚空！彻彻底底的虚空，世间万事皆为虚空！"这首诗给人警醒，也让人郁郁寡欢。

人们总是想当然地认为，老年人的生活就是充斥着疾病的药味与无聊的空虚，事实上并非如此。疾病对老年人来说，并不是根本性的存在。如果拿那些高寿的老人相比，疾病对老年人更不是关键的问题，因为"健康和疾病并不是随着年龄的增长而增加"。而谈到无聊，我在前面已经讲过，老年人要比青年人更少遇到这种不幸。人到暮年，早已看透世事，即使只剩孤独一人也绝不会感到无聊，其中的道理是显而易见的。

一个人灵魂的充实、能力的增强，绝不是来自感官的欢愉和交际的快乐。当然，人到了晚年，精神和能力都会有所衰减，但是，假如精神和能力本来就足够强大，即使是晚年面对孤独，也足可以与之抗衡。而且可以借助阅读、思考、实践，来不断完善对事物的正确洞见与判断。只有对知识的不断积累、丰富，进行重新的组合，才能让精神充实丰盈起来。而正如前面提到的，所有的努力，会让人的智力衰退得到一定程度的补偿。

我在前面曾说过，当人渐渐老去时，时间在他们面前也就变得飞快，这足以抵消无聊与寂寞。如果人们年轻时没有过分地消耗自己的身体，那么，体力的下降也是缓慢的。晚年最大的痛苦，就是日子过得紧紧巴巴，身体每况愈下。如果抛开贫困，身体也还健康，那么，即使年纪大了，生活还是可以过得轻松的。到这时，人的追求就应该转移到舒适上来，而不是为了生计整日发愁。因此，人到晚年，一定不要贪图财物，否则会有损人的精力。有些人，因为爱与美之女神维纳斯对他不再垂爱，就转而去找酒神巴克斯；有些人，过去好学，喜欢旅游、观察，如今却喜欢教导、议论他人。人如果到了晚年，还能保持曾经的爱好，对学问、艺术仍充满热忱，对外界的一切仍然敏感，那么，即使到了耄耋之年，也仍是一个睿智豁达的幸运儿。

人到老年，他的内在品质带给他的福分，将是前所未有的。有些人浑浑噩噩一辈子，年龄大了，就像个机器人一样，但他们依然会思考，用语言来表达，尽管只是翻来覆去地磨叨一件事。到这时，不论什么事情都不会再影响到他们，也不用指望从他们那里得到什么新鲜花样。与这样的老人聊天，就跟在一盘散沙上作画一样，刚画好，就消失得不留任何痕迹了。也有极少的情况发生，有些人第三次长出了牙齿，这似乎是命运与人类开的玩笑，但它无疑在告诉我们，哪怕垂垂暮年，人也可以有第二个童年。

随着年老的加剧，人的所有能力都在衰退，这种状况会越来越严重。但是，即便看上去有些凄惨，却是无法避免的，任谁也没有办法阻止。实际上，这种衰老是死亡的前期预告，否则，当死亡降临时人们将会难以接受。一个高寿的人，最大的幸福就是安然死去。这种死亡不是因为病痛的折磨，没有抽搐，所以，人几乎不会感到痛苦，甚至根本感觉不到死亡。关于安乐死，我在《作为意志与表象的世界》第二卷第四十一节中有所论述。

我一直认为，《吠陀·奥义书》中给出的“人的自然寿命是100岁”这个见解是对的。因为我发现，那些年过九十的人，几乎都会享受到安乐死。他们身体健康，没有中风、惊厥，甚至到死都不会发出痛苦的声音，他们看上去就像睡熟了一样。有些人会在用餐后坐在那里溘然长逝。实际上，他们只是生命停止了运动，一个人如果在90岁以前因病去世，按照《吠陀·奥义书》的定义，他就是早死。

人的生命，是衡量其他事物长短的根本标准，所以说，我们的生命其实既不算长，也不算短。

青年人与老年人最大的区别就是，前者的未来是生，而后者的未来是死亡；青年人拥有短暂的过去和长远的未来，老年人则正好相反。不管怎样，当人慢慢老去时，面对的只有死亡。虽然年轻时我们面临的是生命的活力。如果将两者做比较，哪种情况更令我们忧虑呢？生命是否会在我们身后比在我们眼前更好呢？《旧约·传道书》第七章里已经有过描述：“人死的日子，胜过人生的日子。”每个人都渴望长寿，虽然这是不怎么靠谱的愿望。

西班牙有一句谚语：“谁活得长，谁就要经历更多的苦难。”

人的一生，并非像占星术说的那样，可以通过星辰进行预测，但是，人生的轨迹，从每个阶段来看，又与一颗行星的运行极为相似。所以，一个人的人生，将会受到所有行星的影响。

当人10岁时，就如水星当头。他的敏捷的行动、充沛的精力，都与水星一样，虽然这只是在局促的范围之内，他也会因为一些小事而性情大变，但是，在聪明善辩、多才多艺的水星的影响下，他会轻松快捷地学到许多新的东西。

等人成年后，金星就掌管了他的一切，此时，他也许被爱情所俘获。等到而立之年，火星则进入他的生活，这时的人，浑身充满力气和胆量，变得勇敢又傲慢。

人生近不惑之年，心性已经更臻于成熟。这时，4颗小行星一起来掌管他的人生，他的生命也必将有一番新的成就。也许是受谷神星的影响，他更偏爱实用的东西，更加节俭；而因为灶神星的助力，他也有了自己的安乐窝；他借助智神星的帮助，学会了很多事情；而婚神星则是他的爱情，他的妻子，成为他安乐窝的主妇。

当人年过半百时，木星开始执掌一切。人生的进程已经过去一半，人在此时也已经成为同龄人中的佼佼者。在精力足够旺盛的情况下，还可以学习新的知识、收获更多的经验。人此时具备对周围所有事物的权威性，所以不再接受别人的指挥，而是自己做主、发号施令。在属于自己的一片天地中驰骋纵横，这也是人生最大的乐事。而人在知天命之时，已经达到了朱庇特神统治一切的高度，即生命的顶峰。

不过，当人年近花甲、轮到农神星当值时，已经变得脆弱而迟缓，就像铅一样。在《罗密欧与朱丽叶》第二幕第五场中，有这样的描述：“许多老人看起来已如行尸走肉，他们像铅一样沉重僵硬、迟钝而苍老。”

生命的最后，由天王星来收尾，此时，人早已归天了。

对于海王星，我不知道该如何安排它。也许人们没有考虑周全，才这样给它命名。因为我不能以它真正的名字“爱神厄洛斯”来称呼它。也许，我应该像厄洛斯与死亡有着怎样一种秘密关联那样，指出人生的终结和开端是以怎样一种方式相联系的。正因为这种联系，埃及人眼中的九泉地府就不仅是赠予者，更应该是接受者，而死亡也不再恐怖，将成为生命的蓄水池。

由此可知，万物都来源于奥古斯（九泉地府），甚至每个此刻正鲜活的生命，也都曾在那里停留过。如果我们能够掌握生命得以轮回的奥秘，那么，一切的道理将不攻自破，人生也就没有什么是不可以了悟的了。

译后序

阿图尔·叔本华（1788—1860年）作为德国著名的哲学家，是唯意志论和现代悲观主义哲学的创始者。“世界是我的表象”是他著名的至理名言，完整地体现了他的思想：世界上的一切事物都是以主体为条件，也只为主体存在，所以，世界是我（主体）的表象。他的著作《论充足理性原则的四重根》《作为意志和表象的世界》《附录和补遗》都充分论述了他的这个主张。《人生的智慧》一书，就是从《附录和补遗》中提取出来的。

作为一位哲学家，著作等身是其一生学术研究的证明和荣耀。《人生的智慧》并不能算是一本专业的哲学论著，它不过是叔本华用一种人们都能接受的表述方式，以优美的语言，生动地表达了他对人生的看法和感悟。准确地说，应该是叔本华对自己一路走来所坚持的生活方式和人生准则的总结。因而，在书中我们可以找到叔本华对自己人生反思的印记，看到他的影子。而在这里对本书加以解读，无疑可以让我们看到另一个不一样的叔本华。

叔本华对自己形而上学哲学的简单论述，从本书第一章到第四章可以探知。他把人生分为人是什么、人拥有什么、在他人评价中人是什么样子三部分。其中实际已经暴露了他的哲学观点：第二章人是什么，其实说的就是人的意志；第三章人拥有什么与

第四章在他人评价中人是什么样子，讲述的则是意志的表象。

在第五章和第六章里，叔本华从横、纵两个方面对人生进行了论述。在此，我们以纵向的视角，根据叔本华人生各个不同时期来对他这一生亦是对这本书作一个整体的概述。

亚瑟·叔本华于1788年2月出生于但泽一个商业望族家庭。他的父亲海因里希·弗洛里斯·叔本华是一位成功的商人、银行家，同时也是一位英国式的自由主义者，追随自由思想家伏尔泰，是其忠实的信徒，奉行“没有自由就没有幸福”的理念。母亲约翰娜·特罗西纳·叔本华出身贵族，有着相当高的文艺修养，比他父亲小20岁，是颇具名气的畅销书作家。叔本华的父亲性格忧郁，这让他看上去显得孤僻，脾气急躁且严厉。他的母亲不但聪慧漂亮、富有才情，而且性格也开朗大方、善于交际。这段婚姻是在约翰娜·特罗西纳亲友的积极撮合下结成的，约翰娜·特罗西纳本人对这段婚姻并不满意，她并没有感觉到幸福。叔本华曾说：“优越的物质条件与狂热的爱情组合在一起，是世间最为珍贵的好运。”叔本华自认为他的性格遗传自父亲，但智慧则遗传自母亲。

叔本华出生后，由于父亲整日为生意四处奔忙，他便和母亲约翰娜一直寓居在小城奥利瓦的庄园里。这样的生活让约翰娜备受束缚，远离了社交圈，让她觉得自己的生活毫无色彩。这种想法让她无法把心思放在叔本华身上。1793—1797年这4年间，叔本华的父亲把家搬到了汉堡。在汉堡，他们结识了当地的很多名流。这时，原本就擅于交际的叔本华的母亲，如鱼得水般往来于各种交际场合。父母还经常在家里举办规模盛大的舞会。但这些，带给叔本华的却只有恐惧和孤独。以至于他在后来回忆起自己在汉堡的童年岁月时写道，每次出去散步，父母都远远地将他落在后面，让当时“步履蹒跚”的叔本华“心中充满了绝望”。在《手写遗稿》中他说：“那时我刚刚6岁，父母晚上散步回来，突然发现我处在一种绝望的状态，因为那时我突发奇想，以为他们永远地抛弃了我。”

1797年，在叔本华快10岁时，他的妹妹路易丝·阿德莱特·拉维尼亚降生。

叔本华的父亲一直希望叔本华也能成为一名成功的商人，成为一个有教养的上等人。为了让他能更好地学习法语，提高社交技能，父亲把叔本华送到了法国巴黎和勒阿弗尔。两年后，因为战乱，12岁的叔本华回到了汉堡，进入著名的龙格学校。龙格学校是一所私立学校，以培养未来的商人而著称。此时，由于叔本华的母亲喜欢文学和社交，家中经常聚集一些文学艺术界的名流和商业精英。这些来来往往的人，让叔本华看清了商人的庸俗和文人的虚伪，他对此极为反感。因此，在《人生的智慧》中，叔本华指出：“人们应该把他们拥有的财富视为各种灾祸与不幸的防护墙，而不是一张以此为理由去花天酒地的许可证。”“在另外的日子中，又有许多嘉宾，她们穿着节日盛装，感受着宴会的气氛，展现着高贵的上流社会的社交招牌。但是，在很多情况下，这些到场嘉宾感受到的仅仅是强迫、困苦和无聊。宾客云集之处，也正是许多无赖出没之处，而且他们都在胸口别上三角形的标志。真正的社交活动在那里必然是很小众的。”

父母对社交的热衷，让叔本华感觉不到家庭的温暖，他对那些庸人的无聊与空虚深恶痛绝。他一再向父亲请求，要转学文科，以后做学术研究。可是，在叔本华父亲的观念里，文人多穷困潦倒，所以还是希望叔本华能子承父业。于是，在1803年，父亲给叔本华指出两条道路让他选择：一是在汉堡学习拉丁语，以后做一名学者；二是陪父母去欧洲旅游，开阔眼界，回来后学习经商。对年少的叔本华来说，这是一个两难的选择。最后，经不起周游世界的诱惑，少年叔本华只好暂时放弃自己的梦想，和父母一起开始了为期两年的游历。周游了荷兰、英国、法国、瑞士、奥地利、萨克森、西里西亚和普鲁士等国家和地区。

这次游历令叔本华大开眼界、受益一生。他在《人生的智慧》中也对此作了描述："生活全部的意义，总是在交替中不断变换。在我们面前，它的面貌不会因为日复一日的重复而迟钝或者老去。所以，在我们童年的追求中，即使我们并不知道自己追求的目标是什么，但是，冥冥之中，我们会从每个场景、每个事件当中把握生活的本质、生活的形态及基本特征。我们在观察所有的人和物时，会和斯宾诺莎一样，'选取永恒的视角'。"

两年很快就过去了，在他17岁时，按照与父亲的约定，去但泽和汉堡的商店里实习，从店员做起，接受商业培训。不过，叔本华并没有沉下心来安心学习经商，他没有忘记自己的初衷，常常忙里偷闲，抽空看自己喜欢的书，想自己关注的问题。

1805年4月20日，叔本华的父亲在为他和他妹妹还有他母亲每人留下2万塔勒的遗产后，从家中的阁楼上跳下自杀身亡。

据说，父亲是因为在生意上遭受了挫折，加上与母亲约翰娜长期的尖锐矛盾，所以选择了自杀。

父亲去世后，叔本华的母亲约翰娜带着他和9岁的妹妹移居魏玛，并且办起了一个文艺沙龙。面对世俗的压力，约翰娜毫不畏惧，她不但邀请出身卑微的歌德夫人参加沙龙活动，让歌德成为她家中的座上宾，邀请格林兄弟、施莱格尔兄弟，还有舒伯特来参加她的沙龙活动。在此期间，约翰娜也创作了大量的文学作品，发表了许多深受人们喜爱的爱情小说。

父亲的去世给了叔本华很大的打击，使他变得更加孤僻，整日心情忧郁，这一切也是造成他日后悲观性格的主要原因。在他年老回顾自己的一生时，对那段青春记忆仍然情难自已：

> 我们眼前的世界就像是一个伊甸园，我们大家却都降生在阿卡甸高原。我们渴望现实生活，追求功成名就，学会承担苦难，而这些欲望让我们深陷世界的动荡之中。在这当中，我们屡败屡战，也开始学会去认识事物的另一面。然而，接踵而至的是更大的失望，与之紧密相接的是我们充满幻想的年纪如烟般地飞逝，而我们的失望也在不断地增大，乃至彻底绝望。最后我们可以说，我们的童年生活远远看去就如剧院中的舞台装饰；当我们走向老年，这种舞台装饰也就离我们越来越远了。

没有了父亲的约束，叔本华终于可以自由选择自己想要的生活了。两年后，叔本华踏上了钻研学术的道路。一开始，他在哥达文科学校学习，后来又转入魏玛中学，学习拉丁文、古典语文、历史和数学等。

青春期是一个人性格最为叛逆的时候，叔本华也不例外。母亲左右逢源、交际花般热闹的生活方式令他厌恶。而在他内心一直认为父亲病重时无人照料，母亲应该对父亲的死负责。

恰如初春时节，所有的叶子都有相同的色彩和几近相同的模样；我们也一样，在童年时期，所有人彼此相似，所以能够和睦共处。然而，随着青春期的到来，我们彼此的分歧慢慢出现；并且，就像圆规的半径脚一样，这些分歧越变越大。

1809 年秋，21 岁的叔本华从魏玛中学毕业，进入哥廷根大学继续深造。他第一学期选择在医学系就读，第二学期转入了哲学系。叔本华的兴趣极为广泛，涉猎化学、物理学、解剖生理学、植物学，还有天文学和气象学，就是对占星术，他也有所关注。在《人生的智慧》中，他便以占星术对人生的各个阶段加以说明。这时，叔本华的哲学老师是弗里德里希·博特维克和博特维克·恩斯特·舒尔特。在老师舒尔特的指导下，“神明般的柏拉图”“奇迹般的康德”都让叔本华由衷地钦佩。

对哲学的痴迷，让叔本华在两年后即 23 岁时转入柏林大学。因为柏林大学有他期待认识的费希特——这位真正的哲学家和伟大的天才，况且，当时的柏林大学还有施莱尔·马赫、沃尔夫等著名的哲学家。不过，在听了当时的哲学家的讲课之后，让叔本华这位未来的哲学家大为失望。在他看来，原来被他称为“才华横溢的人”的费希特，不过是个“吹牛者”，是“康德的小丑”，于是他经常和费希特进行辩论。而对施莱尔·马赫的宗教和哲学相互依存的主张，叔本华也不敢苟同。偶像的光环被他看穿消散后，取而代之的则是属于他的独立的哲学思考。

与独立思考相伴的，是叔本华孤傲的性格。当时大学里随处可见的是奉行骑士传统的愚蠢的“荣誉人士”，那些人动不动就嚷嚷着要决斗，以此来捍卫自己的尊严。叔本华对此不屑一顾，在《人生的智慧》中，叔本华也对他们进行了讨伐：

> 归根结底，我非常清楚政府不会真心诚意取消决斗之举。民政官员，特别是许多一般的官员（除了职位最高的官员之外），他们的收入远远低于他们的劳动价值。结果，他们的另一半收入就由荣誉来支付了。荣誉的象征首先是头衔和勋章，其次在更广泛的意义上来说就是一般阶层荣誉。既然阶层荣誉对于决斗而言就是骁勇的备用战马，那么在大学里就有关于荣誉的预备学校了。由荣誉带来了流血牺牲，也因此弥补了官员薪资的不足。

1813年，由于德国发起了反抗拿破仑一世的战争，叔本华离开柏林，来到了远离硝烟炮火的鲁道尔·施塔特。在那里，他充满激情地奋笔疾书，用短短3个月的时间，完成了博士学位论文《论充足理性原则的四重根》。这篇论文的完成奠定了他的认识论基础。同年10月18日，他拿到了耶拿大学哲学博士学位，并获得耶拿大学哲学学院讲师资格。

后来，因为各种原因，叔本华离开耶拿大学回到了魏玛。在魏玛，他开始参加母亲的文艺沙龙并结交了许多文化名人，与歌德相见恨晚、惺惺相惜。歌德曾评价叔本华：“看吧，这个人会比我们所有人更出色。”歌德是最先阅读叔本华博士学位论文的人，他充分肯定了叔本华对直观的重视。受歌德的委托，叔本华开始对色彩问题进行研究。1816 年，叔本华发表了著作《论视觉与色彩》。

在魏玛的半年，叔本华与母亲的关系并没有缓和，他甚至觉得那是一段糟糕的日子。面对母亲的同居者，叔本华备感耻辱。按照他的想法，母亲应该遵守妇道，就如《人生的智慧》中的女性荣誉原则：

> 女性荣誉在两者中是最为重要的，因为两性关系在女性生活中的重要性不言而喻。女性荣誉是人们对一个女孩和一个妻子的一般评价：女孩绝不可未婚失身，妻子只能委身于她所嫁的男人。这种评价的重要性基于下面所说：女性渴望并期待从男人那里得到她所想要的和所需要的一切东西；而男性首先直接地只渴望从女性那里得到一个东西。因此，必须做出这样的安排：男人负责满足女人对他的所有要求，并承担养育双方结合所生下的孩子的责任。所有女性的福利都基于这样的安排。

由于叔本华一直怀疑母亲对父亲不忠，所以，他经常对母亲冷嘲热讽，两人之间唇枪舌剑不断。1814 年 5 月，忍无可忍的叔本华与母亲彻底决裂。随后，他独自搬到德累斯顿居住。

叔本华在德累斯顿居住了 4 年。其间，他结识了一位出身卑微的姑娘，并与之产生了恋情。除此之外，叔本华跳出男欢女爱，一门心思地钻研悲观的印度哲学和佛学，“在无中我希望找到一切”。《吠陀·奥义书》让他陷入了痴迷。叔本华接触的佛学显然是小乘佛教的内容，因为大乘佛教不会那么悲观。而能够在理论上说明轮回问题的，只有大乘佛教才能够做到。1818 年，年近 30 岁的叔本华用 4 年的时间沉思、写作，完成了他最著名的著作《作为意志和表象的世界》。该书构建了叔本华完整的哲学体系，他在写给书商布洛克豪斯的信中颇为自豪地宣称："我的著作是一个新的哲学体系，并且是一个不折不扣的新体系，因为它不是对某种已有的哲学体系的最新表述，而是最高度地将一系列迄今为止还没有人想到的思想结合在一起的一种新的哲学体系……" 1819 年年初，这本书出版后，仍然受到冷遇，得到的唯一称赞则是来自歌德。

叔本华没料到结果会让他大失所望，《作为意志和表象的世界》在出版后一年半的时间里仅卖出 100 来本，其余都像废纸一样被扔在一旁无人问津。这种状况一直持续到 1920 年，学术界才对这本书作出了第一篇书评。叔本华难掩愤愤不平的情绪，发声道："大家可以看到，在塞涅卡那个年代，无赖与卑劣者同为一丘之貉。为了打压佳作，让它们不为世人所知，无赖们恶意地保持沉默，他们以假装视而不见的方式，施展压制佳作的艺术。这就像我们这个时代的无赖一样，他们因为嫉妒也是紧闭嘴巴。" 叔本华的这番言论，让他从此和自己的对手费希特、谢林和黑格尔较上了劲。

1820 年，叔本华获得了柏林大学哲学讲师的资格。此时，黑格尔也在柏林大学教书，并且已经是声名显赫的哲学家。黑格尔的哲学以严谨的理性主义体系著称，而叔本华的哲学则恰恰是主张超理性主义的唯意志论，两者背道而驰，针锋相对。叔本华看不起黑格尔，为了与黑格尔一较高下，他主动向校方提出把自己一周 3 次的课程安排在与黑格尔同一时段。结果却并不像他想象的那样，在上课时，黑格尔那边座无虚席；叔本华的课堂却冷冷清清，学生寥寥可数，从未超过 3 个人。最后，叔本华开设的第一门课程以失败告终，也成为他的最后一门课程。

即使到了晚年，叔本华仍对此难以释怀，还不忘在《人生的智慧》中拿黑格尔来说事："如果名声随着时间的推移逐渐消逝，如果他被时代所抛弃，那么这个名声其实是不真实的，或者说是受之有愧的，只能说是因为一时的过高评价而产生的。这与黑格尔所拥有的那种名声没什么不同。利希滕贝格对此描述说：'他被一个友好的候补委员会吹得天花乱坠，在空洞的脑瓜中响起回声。但是，后世有朝一日会敲打那奇形怪状的语言空壳，探寻那空余漂亮鸟巢的时髦，请教那寓居者已死的合同，这时，所有人会发现里面空空如也。那毫无内容的思想也无法信心十足地说：'请进！'对于这种名声，我们只能付诸一笑了。"

这样的叔本华，即使到了而立之年，仍然处处不得志。1822年，叔本华离开了柏林大学的讲坛，去意大利旅行。一年后，叔本华回到了慕尼黑，身上的各种病痛折磨着他。而此时，母亲又剥夺了叔本华对她财产的继承权。1824 年，浑身病痛的叔本华不得不到伽施太因浴场去疗养治病。1825 年，他重新回到柏林，并于 1826 年再次开设哲学课，然而听者依旧寥寥无几。在此后五六年的时间里，叔本华不仅学习了西班牙语，还翻译了一些西班牙著作。不过，没有哪个书商愿意将那些译著出版。若说唯一值得高兴的事，就是他和柏林歌剧院的合唱队队员卡洛琳的一段颇久的恋情。这期间，在与卡洛琳久别重逢的一次约会中，因为女邻居、裁缝马奎特说话声音大，惹怒了叔本华，一气之下叔本华将马奎特推下了楼梯，造成了其身体上的残疾。为此，叔本华被告上法庭，女邻居赢得了判决，叔本华则在经济上蒙受了不小的损失，法院判他每年付给女邻居15塔勒的终身赔偿。1831年，柏林发生了霍乱，叔本华赶紧逃离了这座被他称为“土匪窝”的城市，永远地结束了他在大学的任教工作。“学院和哲学讲台也只不过是招牌而已，是智慧的外在假象。”叔本华的这句话细品起来不无酸意。

叔本华于1832年来到美茵河畔的法兰克福，并在此定居，这一住就是28年。这期间，1836年他完成了《自然界中的意志》，1841年完成了《伦理学中的两个基本问题》，1846年完成了《作为意志和表象的世界》第二卷。但这些仍然没能引起社会上对他的书及思想的关注，更没有造成任何轰动。直到去世，叔本华都在法兰克福过着隐居的生活。

> 对于每一个天赋异禀的人来说，只要他不是那种占了人类5/6的庸人——大自然只赠予了他们可怜的智力——那么，等到他年过四十之后，就很难摆脱某种厌世的情绪。因为他会很自然地由己及人地去想问题，于是就会逐渐被失望笼罩。他甚至清楚，无论在头脑中，还是在心理上，甚至大部分情况下两者兼而有之，别人都远不如他，不能相提并论，所以他极力避免与他们同流合污。因为一般而言，每个人按照自己的内在价值，对于孤独——每个人与自我的交往——有人喜欢，有人憎恶。

叔本华在法兰克福居住期间，花了6年的时间，把自己以前写的散文和随笔重新加以整理、润色，最后结集成书，取名为《附录与补遗》。1851年，在叔本华的朋友费劳恩斯泰德的说服下，出版商同意出版《附录与补遗》，但只印750册，而叔本华的稿酬只有区区10册书。由于当时正是1848年革命失败之后，德国到处笼罩着悲观主义，叔本华书中消极的“幸福学”，一下子被时代所印证。叔本华在书中的智慧，让德意志的中产阶级如梦初醒。一时间洛阳纸贵，叔本华获得了他所期待的名声，他的主要著作《作为意志和表象的世界》被人们争相传阅。而这些，在这《人生的智慧》中都一一被预言：“名声就好比是冬梨树，它在夏天繁茂生长，在冬天的时候就可以享用。一个人也是如此，当他到垂暮之年，没有什么别的东西足以告慰平生，只有将他年轻时的全部能力铸造成一部作品，而作品是永不会随着我们老去的。”

年过花甲的叔本华面对姗姗来迟的名声很淡然。他的性情早已在岁月的打磨中磨去了棱角，变得和善了许多。当热闹稍稍平息后，他的生活恢复了平静，仍然鲜有亲朋好友到访。他的生活极有规律：上午休息或写作，下午阅读，傍晚和小狗“阿托姆”（意为“世界精神”）一起去散步，他曾说：“几乎没有哪条狗可以担得起伟大的友谊，更不用提人了。”晚上，叔本华常常去剧院看演出，临睡前他还要读一会儿书。

而在此时，他的对手费希特和黑格尔，他的好友歌德，他的母亲约翰娜，还有他的妹妹，都已撒手人寰。叔本华似乎早就预料到了这种结局，他的笔下少了锋芒和偏激：

人之垂暮，其根本特征就是醒悟，幻象消失了。而在此之前，它们给我们的生活带来了刺激，也促使人们去打拼。我们领悟到，世间的辉煌、奢华、荣耀，无非虚无与空泛；也领悟到，在我们所梦想的事物和所渴望的享乐背后，所暗含的意义微乎其微；我们最终渐渐领悟到，我们的整个生存，无非是贫乏和空虚的。只有年过七十，我们才会领悟《旧约·传道书》中的第一首诗。但也正是因为这首诗，我们才会郁郁寡欢。

我们不难发现，在叔本华的一生当中，童年是他最为值得回忆的，而他也最为看重幼年时的直观认识。青年时代是在大学中，除了哲学思考，对庸俗的人和“荣誉人士”的批判则成为他的人生主题。在成年阶段，他没有什么顺心的事，并且一生没有自己的婚姻，没有妻子儿女，所以在《人生的智慧》中，关于成年阶段几乎一笔带过。或许还有另一个原因，就是早在年幼时，他就已经看透并厌倦了人际交往中的尔虞我诈和虚情假意。

叔本华的一生几乎都是在孤独寂寞中度过的，童年时，缺少父母的关爱和陪伴，他害怕孤独。在青年时，他不屑与庸俗的人和“荣誉人士”为伍：“年轻人的主要课程应该是学会忍受孤独，因为孤独是幸福和心灵安宁的一个源泉。”在美茵河畔，他执意做一位偏居一隅的老者：“只有变老了，他才会对生活有一个完整而妥当的态度。因为对于人生的整体和它的自然进程，他不只像其他人那样，只知道入世的生活，他还鸟瞰出世的人生。然后，他借此完全领悟到生活的虚无所在；而其他众生始终还认虚为实，误以为他们所执着的真实终将来临。”在孤独寂寞中，他并没有消沉，而是把生命的本质领会成意志，锲而不舍地从事自己喜欢的事业，构筑自己的哲学人生。

因为叔本华缺少家庭生活，所以在《人生的智慧》中感情的分量占得极少。不快乐的童年，夭折的恋爱，成年后的困顿，这些都让叔本华的感情世界显得冷峻而萧索，以至于在他 45 岁，人生最美好的时期就开始在美茵河畔隐居生活。而在《人生的智慧》中，他的文笔说得好听是幽默风趣，说得难听就是尖酸刻薄。“在这个世界，‘用灌铁的色子玩游戏’，我们要有钢铁一样的性格，以铠甲抵挡命运的打击，以战斧对付别人的进攻。因为人活一辈子就是一场战斗，每前行一步，势必少不了一番厮杀。”

英国哲学家罗素在他的《西方哲学史》中描述：叔本华在现实生活中，并没有很好地运用他的智慧，成就美满的人生……除了对动物的仁慈之外，在叔本华一生中，很难找到任何美德的痕迹，他完全是自私的。如果读者对叔本华的一生和他的人品有所了解，那么，对《人生的智慧》中的内容，优美华丽的文采，特别是在书的 3/4 之后，应该自有取舍。《人生的智慧》毕竟不完全是智慧，其中有些只不过是亦正亦邪的小聪明罢了。

在叔本华法兰克福家中的书房里，书桌上敬奉着一尊镀了厚厚一层金箔的佛像。在佛像的旁边，是康德的半身塑像。康德（1724—1804 年）是德国古典哲学的开创者，写下了“三大批判”。康德的影响不仅在近代哲学，更在现代哲学。其理论的主要特征是现象界与本体界互相对立的二元论，前者是感性和知性作用其上，后者则是理论理性和实践理性的领域。在叔本华的体系中，这种二元论被发展为表象与意志的关系。书房沙发的上方悬挂着歌德的油画像。歌德（1749—1832 年）是当时著名的思想家、作家和科学家，是魏玛古典主义最著名的代表人物。他的作品《少年维特之烦恼》和《浮士德》让他蜚声文坛。叔本华在《人生的智慧》中引用了不少歌德《西东诗集》的诗句。此外，还有英国戏剧家莎士比亚（1564—1616 年）的画像。法国著名哲学家、物理学家、数学家和神学家笛卡儿（1596—1650 年）的画像也在其中，同样，笛卡儿也是一个二元论者。而叔本华自己各个时期的画像，还有许多狗的雕塑当然也是少不了的。看来，叔本华是想让这些超凡脱俗的思想家在他那里获得永恒的生命。

也许叔本华还想在书房里挂上柏拉图（公元前 427—前 347 年）的画像，柏拉图是苏格拉底（公元前 469—前 399 年）的学生，建立了二元论的理念论。他的弟子亚里士多德（公元前 384—前 322 年）将古希腊的形而上学推向顶峰，也是欧洲古代科学的奠基人，开创了逍遥学派。还有伊壁鸠鲁（公元前 341—前 270 年）的画像也应该陪伴着叔本华。伊壁鸠鲁是古希腊"幸福学"的倡导者，叔本华与他一样鄙视人生的感性享乐，把幸福视为没有痛苦的生活。而伊壁鸠鲁本人所开创的伊壁鸠鲁学派在《人生的智慧》中也多次被提到。与之相反，"幸福论"所主张的人世中的幸福，在叔本华眼中必然会导致痛苦。

叔本华于 1860 年 9 月 9 日染上肺炎，但他自信自己的身体还很硬朗，因而拒绝就医诊治。到了 9 月 20 日早上起床时，叔本华的身体开始抽搐，最后竟摔倒在地，但他自己并没有感到怎么不舒服。9 月 21 日，叔本华依旧像往常一样起床。早饭过后，管家为他打开房间的窗户，以便流通新鲜空气。管家离开房间后不久，叔本华的医生来看他，但此时的叔本华已经没有了呼吸，与世长辞了。遵照叔本华的遗愿，他的墓碑上除了他的名字外，再没有任何其他的文字。

叔本华的人生智慧

人类从我这里学到了他们将永世不忘的东西。

——阿图尔·叔本华

人类的历史如浩浩长河滚滚向前，在这洪流中，涌现出许多思想家，他们的作品代表着不同国家、不同民族、不同时代。当下，我们处在一个物质空前充盈丰沛但精神却贫乏、虚无的时代。在这个信息飞速发展智慧却相对贫瘠，人们极尽张扬个性却又时常内心孤独迷茫，价值观多元化而信仰缺失的时代，如何在离开校园步入纷繁复杂的社会时，保持清醒，不迷失于浅薄浮躁的欲望中，是我们每个人都要面对的重要人生课题。

《人生的智慧》一书，是德国著名哲学家叔本华的经典名著。从这本书中，我们可以感受到不一样的人生智慧。

阿图尔·叔本华（Arthur Schopenhauer）开创了唯意志论和现代悲观主义哲学，他的思想对现代学术界、思想文化界产生了极其深远的影响。

1788 年 2 月 22 日，叔本华出生在德意志但泽（今波兰格但斯克）。由于父亲经商，家境富足优渥，他从小过着衣食无忧的生活，并接受良好的教育。父亲去世后，给他留下了一笔丰厚的遗产，使他一生都过着富裕的生活。但是，尽管有如此优越的条件，叔本华的一生却并非一帆风顺。叔本华谈过几次恋爱，但都没能修成正果，他一生没有结婚，也没有子女，在1860年9月21日去世时，陪伴在他身边的只有一只卷毛狗。

叔本华虽然有着优渥的物质条件，可以让他心无旁骛地从事学术研究，但他一生都低调地过着隐居般的生活。与他同一时代的哲学家像商量好了似的，都对他的学术思想闭口不提，致使他的学术思想直到他去世前几年才得到世人的认可。由此可知，像叔本华这样智慧的人，也不得不忍受长达60多年的寂寂无声，才最终获得应有的荣誉和声名——这种坚持缘于他对自己天赋使命的信念。

叔本华和其他哲学家的不同之处在于，他从青年时期就按照自己的兴趣进行研究和思考，并且形成了独立而完整的思想体系。他说："真理是我唯一的指路星辰。"叔本华只对他认为是真理的东西进行研究，其他的则被他排斥在外。他有着强烈的自我使命感，自称性格遗传自父亲，而智慧则遗传自母亲。

他在很小的时候，就养成了把自己日常的思考随时记录下来并进行整理的习惯。1813年，25岁的叔本华发表了迄今为止仍是认识论名篇的著作《论充足理性原则的四重根》。1818年，30岁的叔本华就发表了他的核心著作《作为意志和表象的世界》。这本书抽丝剥茧，层层深入，系统地论述了认识论、自然哲学、美学和伦理学，从而构成了他哲学思想的核心，也稳稳地奠定了他哲学大厦的根基。不过令人惋惜的是，在当时，虽然首版印刷了500册，但并没给他带来荣誉，也没有引起人们的关注。这种冷遇并没有令叔本华气馁，他接下来又陆续发表了《自然界中的意志》（1836年）、《论意志的自由》（1839年）、《论道德的基础》（1840年）等著作。毫无疑问，这些著作的完成，让他的哲学大厦变得更加充实和丰满。但这些著作出版后也毫无例外地遭到了冷遇，如泥牛入海般没有引起任何反响。

此后，叔本华利用6年时间，对他之前写下的零散的论文进行整理和增删，并于1851年63岁时，以《附录和补遗》之名付梓出版。由于此前叔本华出版的著述都处于滞销状态，这一次出版商对他的这部封笔之作仍不抱任何希望，所以只印了750册，而且只赠送他10册样书，没有稿酬。

但是，出人意料的是，英国评论家约翰·奥森弗德对叔本华的这本书大为赞赏。奥森弗德的关注和赞赏让叔本华的哲学之花终于散发出芬芳，引起了世人的关注。叔本华一书成名，并在世界上赢得了声誉，也终于应验了他本人的一句话："真理是可以等到的，因为它长久存在。"

《附录和补遗》凝聚了叔本华的哲学思想精华，《人生的智慧》一书便出自《附录和补遗》。在这本书中，叔本华用他擅长的表达方式阐述了他对人生的看法。书中所探讨的问题关乎我们的世俗生活，书中对名声、荣誉、健康、养生、财富及身在红尘中所应该遵守的法则等都有所涉猎。更难能可贵的是，叔本华在这本书中一改他一贯居高临下的姿态，极尽可能地从现实、适用的角度来进行表述和思考问题。所以说，尽管这个世界纷繁复杂、众口难调，各种大众话题、人情世故层出不穷，让人不知如何招架，但是，在叔本华这位思想大师深刻而通透的阐释之后，一切都变得清晰明了。

叔本华不仅是一位哲学家，还是一位语言大师。他冷峻、简洁、流畅的思想论述众人皆知。在他的著作中，对每个字、词的使用都有相当高的要求，务求精准又不失自然。书中字里行间都透露出他鲜明的思想特征和人格魅力。在叔本华的思想推论中，细微之处可窥见他思维的缜密，在推理环节上环环相扣、遥相呼应、层层递进，如同螺丝栓与螺丝帽般严丝合缝，加上他特有的辛辣讽刺和黑色幽默，往往让人感到一切都是浑然天成，没有丝毫的违和感。

作为译著，我们始终认为，一切都应顺应当代多元化的价值观，让艰深的理论论述或者思想阐述在当下的现实中找到回应，使其不再深埋于故纸堆中。为了让读者朋友们看到、体会到没有经过篡改的叔本华真正的思想，我们在尊重德文原著的基础上重新进行了翻译，同时将英文版本作为参照，并尽可能地保持译著的完整性。

附：叔本华生平年表

1788 年 2 月 22 日，阿图尔·叔本华出生于但泽一个世代经商的贵族家庭中。父亲叫海因里希·弗洛里斯·叔本华，母亲叫约翰娜·特罗西纳·叔本华。

1788 年 3 月 3 日，叔本华接受洗礼。

同年，和母亲迁往利瓦。

1793 年，波兰被划归普鲁士。叔本华离开但泽，迁居汉堡。

1793 年 12 月 23 日，叔本华的祖父安德烈亚斯·叔本华去世。

1794 年，约翰·戈特利布·费希特（1762—1814 年）成为耶拿大学教授，主持康德哲学讲座。

歌德（1749—1832 年）完成《浮士德》的创作。

1797 年 6 月 12 日，叔本华妹妹露易丝·阿德莱特·拉维尼亚出生。

1797 年 7 月，父亲带叔本华到巴黎和勒阿弗尔，安排他在友人家住两年，学习法语、法国文学和社交技能。

1798 年，年仅 23 岁的谢林（1775—1854 年）受聘为耶拿大学的编外教授，讲授自然哲学和先验哲学。

1799 年，叔本华回到汉堡，进入培养未来商人的私立龙格学校学习，直至 1803 年。

1803年5月3日，叔本华决定不上文科学校，并踏上游学之路，途经荷兰、英国、法国、瑞士、奥地利、萨克森、西里西亚和普鲁士，直至1804年8月结束。

1804年，叔本华到但泽，在商人雅各布·卡布隆那里学习经商。

1805年，叔本华到汉堡，跟随大商人马丁·约翰·亚尼斯那里学习经商，听龙格博士的神学讲演。

黑格尔（1770—1831年）成为耶拿大学的正式教授。

1805年4月20日，父亲坠楼身亡，疑为自杀。

1806年9月21日，举家搬往魏玛。母亲在此举办文艺沙龙，与包括歌德在内的文化名流交往。

1807年6月，叔本华在哥达文科中学学习，住在卡尔·戈特霍德·梭茨教授家中。

12月，叔本华迁居魏玛，后来转入魏玛中学，学习拉丁文、古典语文学、历史和数学等；和作家约翰内斯·丹尼尔·法尔克，剧作家扎哈利亚斯·维尔纳结交。

1807年，费希特回到法军所占领的柏林，发表著名的《对德意志民族的演讲》并倡导成立柏林大学。

1809年2月22日，叔本华成年，继承了父亲留给他的两万塔勒遗产。

秋季，叔本华在魏玛中学毕业。

10月9日，叔本华开始在哥廷根大学学习，第一学期就读于医学系，第二学期转入哲学系。其哲学老师是弗里德里希·博特维克、博特维克·思斯特·舒尔特。在舒尔特的指导下，叔本华认真研读柏拉图和康德的著作。

1810 年，柏林大学成立，费希特成为第一任校长。

1811 年 9 月，叔本华转入柏林大学学习，钻研费希特哲学，和动物学家马丁·海因里希·利希滕斯坦因相识。

1812 年，叔本华和哲学家、神学家弗里德里希·恩斯特·丹尼尔·施莱尔马赫发生争论。

1813 年 6 月，叔本华到鲁道儿施塔特撰写博士学位论文《论充足理性原则的四重根》。

1813 年 10 月 18 日，叔本华以博士学位论文《论充足理性原则的四重根》获得耶拿大学的哲学博士学位。

1813 年 11 月，叔本华回到母亲家，在沙龙中认识了歌德。歌德对叔本华的思想大为赞赏，并与叔本华讨论了色彩理论。

1814 年 4 月，叔本华与母亲的关系剑拔弩张。

4 月 30 日，《哥廷根学报》发表对叔本华博士学位论文的第一篇评论。

5 月，叔本华和母亲彻底决裂。他离开魏玛，搬到德累斯顿长住 4 年。这期间，他学习古印度哲学和佛学，和泛神论者卡尔·克里斯蒂安·弗里德里布·克劳泽，作家赫尔曼·冯·匹克勒—慕斯卡乌，费迪南德·弗赫尔·冯·比登费尔结识。

1815 年，叔本华发表《论视觉与色彩》。

1816 年，黑格尔任海德堡大学哲学系教授，直到 1818 年。

1818 年，叔本华完成《作为意志和表象的世界》初稿，并撰写前言，随后去意大利旅行。

黑格尔应聘到柏林大学，接替费希特的教席。

1819 年，《作为意志和表象的世界》一书由弗里德里希·阿诺尔德·布洛克豪斯出版。随后，叔本华去罗马、意大利、瑞士旅行。

8 月 25 日，叔本华重返德累斯顿。但泽的亚伯拉罕·路德维希·穆尔银行倒闭，叔本华一家陷入财政危机。

10 月，维也纳《文学年鉴》和魏玛《文学周刊》发表第一批对《作为意志和表象的世界》的否定性评论。

12 月，叔本华申请在柏林大学当哲学讲师。

1820 年 2 月 21 日，叔本华成为柏林大学哲学系编外讲师。他向黑格尔挑战，将上课时间安排在与黑格尔同一时间，其课程“论整个哲学就是关于世界的本质和人的精神的学说”以失败告终。

1823 年 7 月 5 日，母亲约翰娜剥夺叔本华对她财产的继承权。

1824 年 5—6 月，叔本华在巴德加施泰因浴场养病。

1825 年 4 月，叔本华重返柏林，并于 1826 年最后一次尝试在柏林大学举行哲学讲座，再次失败。

1829 年，叔本华翻译西班牙哲学家葛拉西安的《智慧书》，书商拒绝出版。

黑格尔成为柏林大学校长。

1831 年，柏林发生霍乱，叔本华离开柏林，最后来到法兰克福。

黑格尔因霍乱死于校长任期内。

1832 年，叔本华到曼海姆。

3 月 22 日，歌德病逝。

1833 年，叔本华定居法兰克福，开始 28 年的隐居生活。

1835 年，叔本华撰写《论自然界中的意志》，次年发表。

1837 年，叔本华撰写《致建立歌德纪念碑委员会》一文。

1838 年 4 月 17 日，叔本华的母亲约翰娜去世。

1839 年，叔本华撰写《论道德的基础》。

1840 年，《论自然界中的意志》和《论道德的基础》合并成一本书，以《伦理学的两个基本问题》之名出版。

博士尤里乌斯·福劳恩斯泰特成为叔本华的学生。

1842 年，叔本华的妹妹到法兰克福看望叔本华。

1842 年，弗里德里希·多尔固特的《唯心主义的错误根源》出版，书中承认了叔本华的学说。

1843 年，叔本华完成《作为意志和表象的世界》的补充卷（即第二卷），详细阐述第一卷的内容。

1844 年，布洛克豪斯出版《作为意志和表象的世界》的第二版。

1847 年，叔本华的博士学位论文再版。

1849 年 8 月 25 日，叔本华的妹妹去世。

1850 年，叔本华写完《附录和补遗》，次年年底，该书在柏林由 A.W. 海因出版，并获得好评。叔本华的名声扶摇直上。

1852 年，历史学家艾勒特曼编撰《自康德以来的德国思想的辩证进程》，书中首次提及叔本华哲学。

1854 年，《论自然界中的意志》出版第二版。福劳恩斯泰特编写并发表《论叔本华哲学的书信》，随后，在 1871 年出版了《叔本华大辞典》，1883 年出版了 6 卷本的《叔本华全集》。

1857 年，波恩大学讲授叔本华的哲学。

10 月，本森访问叔本华。

1858 年 2 月 22 日，叔本华七十寿辰。

叔本华拒绝担任柏林皇家科学院院士。

德 · 桑科迪斯发表《叔本华和利奥波特》。

1859 年，《作为意志和表象的世界》发行第三版。

10 月，伊丽莎白 · 奈完成叔本华的雕像。

1860 年 8 月，叔本华突然窒息。

9 月 9 日，叔本华患肺炎。

9 月 21 日，叔本华去世。

9 月 26 日，叔本华葬于美因河畔的法兰克福市公墓。